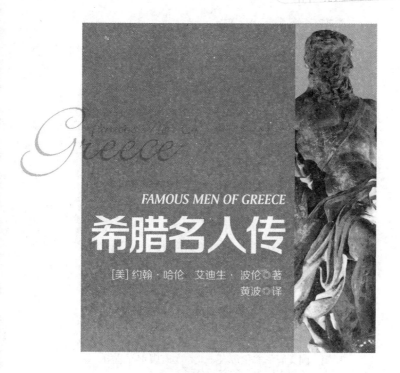

FAMOUS MEN OF GREECE

希腊名人传

[美] 约翰·哈伦 艾迪生·波伦 ◎著

黄波 ◎译

国际文化出版公司

·北京·

图书在版编目（CIP）数据

希腊名人传 /（美）哈伦，（美）波伦著；黄波译 . —北京：国际文化出版公司，2016.4

（美国小学生读的名人传）

ISBN 978-7-5125-0829-3

Ⅰ . ①希… Ⅱ . ①哈… ②波… ③黄… Ⅲ . ①名人—列传—古希腊—少儿读物 Ⅳ . ① K835.450.2-49

中国版本图书馆 CIP 数据核字（2015）第 320160 号

希腊名人传

作　　者	[美] 约翰·哈伦　艾迪生·波伦	
译　　者	黄　波	
责任编辑	宋亚恒	
统筹监制	葛宏峰　张　坤	
策划编辑	闫翠翠　周书霞	
美术编辑	秦　宇	
出版发行	国际文化出版公司	
经　　销	国文润华文化传媒（北京）有限责任公司	
印　　刷	三河市同力彩印有限公司	
开　　本	880 毫米 ×1230 毫米	32 开
	6 印张	120 千字
版　　次	2016 年 4 月第 1 版	
	2018 年 12 月第 2 次印刷	
书　　号	ISBN 978-7-5125-0829-3	
定　　价	25.00 元	

国际文化出版公司

北京朝阳区东土城路乙 9 号　　邮编：100013

总编室：（010）64271551　　传真：（010）64271578

销售热线：（010）64271187

传真：（010）64271187-800

E-mail：icpc@95777.sina.net

http://www.sinoread.com

前　言

◎ 约翰·哈伦

学习历史，就像研究一处景观一样，应该从最重要的特征开始。直到这些主要的特征固定在记忆里，那些次要的特征才能落入它们适当的地方及采用正确的比例。

古今的名人们都是历史的山峰。学习历史从这些名人的传记开始，是很符合逻辑的。不但符合逻辑，而且符合教学法。经验告诉我们，为了吸引并抓住孩子们的注意力，每一个呈现在他们面前的最重要的历史特征，都应该有一个独立的个体作为中心。如此，孩子们便能从提供的重要人物中自己做出辨别。孩子们在阅读这些传记的时候，不但要把罗慕路斯、赫拉克勒斯、恺撒，或是亚历山大大帝记在脑子里，而且还要把自己置于历史人物相同的境遇而感同身受。

　　杰出的教育者都认同这些真理，长久以来，他们认可传记作为历史学习之准备的价值，并且在他们的学习计划中给予了其重要的地位。

　　在过去的教学实践中，许多小学都把美国历史的细节作为历史教学的开端，而不教授前代的通史知识，这样就限制了学生们的视野，抑制了他们的同感力，从而让他们在学习历史的时候缺乏对比的材料。不但如此，它还阻断了学生们对希腊哲学家、罗马立法者、条顿自由热爱者知识的继承。因此，在十人委员会的报告中有一种强烈的敦促——在十五人委员会的报告中也同样被强调——那就是在美国的小学中，以传记的形式学习希腊、罗马以及近代欧洲的历史，应该优先于对美国历史细节的学习。十人委员会推荐八年制历史课程，从小学五年级开始，直到高中课程结束。头两年整体学习传记和神话。十五人委员会建议历史的学习要贯穿于小学的各个年级，而且强调传记在通史教育中的价值。

　　这套书属于历史故事系列，在编写时以十人委员会及十五人委员会的建议为基准，并与一流学校的最佳教学实践相符合。作者的目标在于让每一位名人的生平都生动有趣，在讲述这些故事的时候力图通俗简洁，让每一个低年级的学生都能愉快地阅读，并且让这套书使用起来如同教科书一样让学生们获益。

　　那些发现在本已拥挤不堪的课程安排中给神话与传记安排一席位置难以行得通的老师们，经常更喜欢阅读相关的历史，如此，这套书对他们而言便是非常值得期待的。

　　书中的插图具有非常高的价值。你将会发现，它们的数量和质量比此前的任何学校用书都略胜一筹，因为它们大部分是从世界名画复制而来。

目录
Contents

第一章　希腊众神

一

欧洲南部有个希腊小国。它是希腊人的家园，希腊人在那里生活了 3000 多年。他们相信在远古时代，也就是他们到来之前，这里是神的故乡，也经常向人们讲述神在这片土地上的传奇故事。其中一个就是克洛诺斯和他的孩子们。

克洛诺斯是第二代神王。他的妻子是女神瑞亚。他母亲曾预言他其中一个孩子将取代他成为新的神王。克洛诺斯下定决心绝不能让这种事发生，所以只要瑞亚一生下孩子，他就吞掉。如此残忍的行径使瑞亚心痛不已，当第六个孩子生下时，她打算拯救他。瑞亚将一块石头当作孩子包裹在衣服里，而后让克洛诺斯吞掉。

瑞亚将孩子带到山洞中藏起来。虽然山洞幽暗，但是孩子神光四射，照亮了整个山洞，因此她将他命名为宙斯，意为光明。我们称他为朱庇特。

朱庇特有个奇怪的保姆，是一只羊。由于它对他照顾得无微不至，所以死后化作星辰，闪耀至今。

当朱庇特长大成人，就加入到反抗他残暴父亲的战斗中。克洛诺斯说服一些泰坦巨人帮他对抗朱庇特。这些泰坦人非常强大，能把高山连根拔起，像小孩玩雪球一样朝朱庇特扔过来。朱庇特马上想到了应敌之计，找来了巨人家族的另一支——独眼巨人，也叫圆眼巨人，因为他们只有一只圆圆的眼睛长在额头上。独眼巨人是锻造能手，为朱庇特打造了一件神兵——雷电。当泰坦人再度投掷大山的时候，朱庇特便投掷出雷电，伴随着电闪雷鸣。虽然战斗场面极其惨烈，但朱庇特还是赢得了胜利。

战争结束后，朱庇特让克洛诺斯将吞下的孩子全吐出来，并从他邪恶的父亲那里给他的兄弟姐妹每人一块封地。他自己则成为新的神王，并主宰上天。他的姐姐赫拉，我们称朱诺，被封为众神之后。

他的兄弟波塞冬，我们称为尼普顿，被封为海王，还有一个兄弟哈迪斯，我们称为普鲁托，被封为冥王，掌管冥界。

他的姐姐德墨忒尔，我们称为克瑞斯，分管谷物、瓜果、百花之神。

另一个姐姐赫斯提亚，我们称为维斯塔，成了灶神。

海神尼普顿和他的马

二

当克洛诺斯的王国被瓜分之后，新的统治者有了很多事情可做。在大海的深处，海神尼普顿建了一个宫殿，以雪白的贝壳和血红的珊瑚铺地，闪耀的珍珠点缀着墙壁。当海上波浪翻腾之时，尼普顿便给他的铜蹄战马套上敞篷战车，手持三叉戟，也叫三股叉，踏浪而行，凡是马踏之处，立刻风平浪静。

普鲁托的地下世界是可怕的地方，也可谓鬼魂之家。一条黑色的河流环绕着它，称为冥河，也是仇恨之河。唯一通过的方法就是由一个叫卡伦的船夫摆渡，他是个沉默寡言的人。地狱入口处有一条可恶的看门狗，叫作刻耳柏洛斯。当古希腊人下葬时会将一个金币放入嘴里，将一块蛋糕蘸蜜放在手中。金币是用来渡冥河时支付卡伦的酬劳，蛋糕则扔给刻耳柏洛斯，趁它吃的时候，灵魂可以悄悄进入灵魂之地。

冥王普鲁托与地狱之犬

没有哪个女神愿意当普鲁托的妻子，陪他生活在那个黑暗的世界中。因此普鲁托深感寂寞。有一天，他坐着由四匹漂亮的乌骓马拉着的战车来到阳间，看见一个美丽的少女正在地上采花。少女名叫珀耳塞福涅，我们称她为普洛塞尔皮娜。普鲁托立刻把她掳到冥界并结了婚。由此，她成了冥界之后。

结婚之后，普鲁托比以前快乐了许多，但是普洛塞尔皮娜深受煎熬。她热爱阳光与鲜花，感觉非常痛苦。朱庇特非常同情她，于是去说服普鲁托让她每年回到人间一次。当她来到人间的时候，百花竞相为她开放，百草更加碧绿，那是春天到了。当她回去的时候，百花凋谢，绿草枯萎，这是冬天来了。

朱庇特的姐姐在她们掌管的领域内也做了很多事。每到春天和夏天，克瑞斯促使各种水果、谷物生长。当然她不可能一个人完成这些事情，所以她叫了许多美丽的小仙女来帮忙。每一棵树都有一个森林女神，她帮助树木长得更加枝繁叶茂，花朵开得更加色彩斑斓。每一眼从山中涌出的泉水和每条流经山谷的小溪都有一个水仙女。泉水中和溪流中的水仙女浇灌各种谷物与植物帮

普鲁托强抢珀耳塞福涅

助它们茁壮成长。

宙斯的姐姐维斯塔掌管家庭与灶火。她能使灶火烧得更加旺盛，并使家庭成员和访客快乐温暖。在希腊的每个城市与小镇中，供奉维斯塔的香火从没熄灭过。

三

朱庇特在天空之中住得很惬意，但是并不快乐，只是表面上开心。因为皇后朱诺，虽说越来越美丽，脾气却越来越糟糕，有时她会和朱庇特发生激烈的争吵。

朱庇特的一个儿子叫赫耳墨斯，或者叫墨丘利。他脚上穿着金色凉鞋，手持一根神奇的魔杖。凉鞋的根部有一双翅膀使他能够像鸟一样在空中飞行。因他能够快速飞行，所以成了众神的信使。

朱庇特与朱诺

　　朱庇特的另一个儿子赫菲斯托斯，我们称之为武尔坎努斯。他是火神和工匠的庇护神。在埃特纳山下他有个铁匠工场，用铁和铜打造各种神奇的东西。独眼巨人成了他的铁匠。一天，武尔坎努斯惹怒了他的父亲，被他父亲从天庭扔了出来，结果摔在岩石上，摔断了腿，成了瘸子。

　　阿瑞斯，可怕的战神，我们称马尔斯，也是朱庇特的儿子，是个好战且嗜血的人。

　　阿波罗和他双胞胎妹妹阿耳特弥斯，我们称妹妹狄安娜，也是朱庇特的孩子。他们长得都很漂亮。阿波罗的美异常出众，以至于我们称赞一个男人面容英俊、形体伟岸时，直接说"你是一个阿波罗"。阿波罗和狄安娜是朱庇特最疼爱的孩子，他封阿波罗为太阳神，狄安娜为月神，并给每人一张银弓，可以射出光箭。

　　朱庇特最出众的孩子是雅典娜，我们称密涅瓦。有一天，众神之王头痛不已，差人叫儿子武尔坎努斯过来。当这个伟大的锻造之神来到宫殿时，父亲朱庇特对他说："用你的斧子把我的脑袋劈开。"话音未落，武尔坎努斯已经动手了，一个少女之神，身披盔甲，从朱庇特脑袋中跳出。这个少女就是智慧之神密涅瓦。

密涅瓦

四

　　最美的女神当属阿佛洛狄忒，也称维纳斯。一个从海浪的泡沫中出生的女神，是掌管爱情之神，有很多神追求她。朱庇特做了一个奇怪的决定，让她嫁给武尔坎努斯，众神之中最丑的一个。维纳斯有个儿子叫厄洛斯，也叫丘比特，是爱情之神。他有一张弓箭，如果他的箭穿过凡人的心，这个凡人就会坠入爱河。

朱诺、丘比特与维纳斯

　　有一个美丽的女神名唤爱丽斯，她是暴风雨后彩虹的制作者，也是天堂与人间的信使。

　　还有许多其他的女神。其中有三个姐妹并称美惠三女神，她们用她们的方式使凡人变得亲切、可爱、友好且快乐。

　　还有三姐妹称为复仇三女神，她们身穿黑衣，头上盘踞毒蛇。

她们惩罚恶人，使他们一世不得安宁。

地位在众神与人之上的三姐妹被称为命运三女神。甚至连朱庇特也不能改变她们对命运的安排。不论她们说什么，就必定会发生。未经她们设计的事绝不会发生。当一个孩子出生时，其中的一个姐妹开始纺他的生命线，第二个姐妹决定线的长度，第三个姐妹剪断生命线以结束生命。

当人类出现在希腊并居住在那里时，众神撤回到希腊最高的山——遥远的奥林匹斯山山顶，并在那里安家落户。

第二章　丢卡利翁和洪水

奥林匹斯山上，每个神都有一座由武尔坎努斯和独眼巨人打造的铜宫。每天，众神聚集在朱庇特的宴会大厅中吃着神仙的食物，喝着金杯中的美酒。

宴会中有个为众神服务的女神叫赫柏，是一位青春女神。当他们举行宴会时，会请阿波罗竖琴伴奏、缪斯女神唱歌。缪斯 (muse) 是九位代表诗歌、艺术和科学的女神。甚至在我们的语言中表演与歌唱统称 music，也是为了纪念她们。

有时候，神也会从奥林匹斯山上下来造访希腊人，并教他们

阿波罗与缪斯女神

一些有用的手艺。智慧女神密涅瓦教人们用马套上绳子来犁地，也教妇女如何纺线和编织。

克瑞斯，伟大的大地母亲教农民种瓜果、小麦和大麦。当谷物成熟的时候，她又教农妇们如何做面包。

武尔坎努斯教会希腊人打造铁犁、铁锹和锄头以及其他金属工具。

众神偶尔从山上下来，他们发现古希腊人非常邪恶。神的善良并没有改变他们，最后朱庇特决定用洪水毁灭人类。

一个半人半神，叫作普罗米修斯或先知，警告了希腊人民他们的危险处境。只有一个人注意到了他的警告，就是他儿子丢卡利翁。当洪水来临时丢卡利翁和妻子皮拉进入方舟逃生。

大雨在希腊境内下了好几天。大河和小溪全都满了，连山谷也满了。树木不见了，除了最高的山，其余都被淹没了。但是丢卡利翁的船却安然无恙。最后，雨停了下来，方舟在水面上漂流了九天，终于安全着陆。

当洪水退去，丢卡利翁和皮拉发现他们在希腊的一座山上，此山名叫帕尔纳索斯山。他们下船，并从山顶下来。希腊人只剩下他们俩，在寂静的山谷中，无论远近，一个生物也没有。孤单使他们感到恐惧，也不知道要去哪里。突然石丛中出现了裂缝，裂缝的外面冒出大量水汽与气体。丢卡利翁比他妻子胆子更大一些，朝裂缝里看进去，当时，一个神奇的声音从深处传来。

它说道："把母亲的骨头投掷到你身后！"

"神谕！"皮拉激动得快哭了。

"真的是神谕！"丢卡利翁也哭道。

许多年前还没发洪水的时候，神经常与人交流并对将要发生的事给以建议。他们所说的话被称为神谕。一个专门关于神示意人类的词。

所以现在，丢卡利翁和皮拉确信是神想告诉他们一些事情。

但是，他们想知道神的"把母亲的骨头投掷到你身后"是什么意思。过了一会儿，丢卡利翁说："皮拉，大地是我们母亲。"

"是的。"

"那么，"丢卡利翁兴奋地说道，"母亲的骨头就是地上的石头喽。"

两人平静下来，知道神谕的意思是要他们投掷散落在地上的石头。因此，他们下山去，一路上把石头捡起来扔到他们身后。

他们的身后很快传来一阵脚步声，转过头一看，被丢卡利翁丢掉的石头已经变成一群年轻男子，并紧跟着丢卡利翁。皮拉扔的石头则变成一帮少女，也跟在她后面。

丢卡利翁和皮拉再也不感到寂寞，他们有了很多事可做。他们用从神那里学会的技术和手艺来教这些年轻的少男少女们犁地、纺织。

地上到处是石头，山上到处是森林。石头用来砌墙，木材用来盖屋顶、铺地板，这样房子就建好了。

他们规划好农场，播种好土地，还种上了葡萄和橄榄树。帕

希腊早期的家务技巧

尔纳索斯山下的山谷人越来越多。此时，丢卡利翁与皮拉的种族从一个山谷繁衍到另一个山谷，很快遍布全希腊。

　　因为丢卡利翁与皮拉的一个儿子名叫赫愣，所以他们自称为赫愣人。他们的国家，如你所知叫希腊，他们叫赫愣。

第三章　卡德摩斯和龙牙

在亚细亚一个叫腓尼基的地方，住着国王阿革诺耳和王后。他们有四个孩子，三个儿子，还有一个漂亮女儿，名叫欧罗巴。

一天早晨，一群年轻人在海边的草地上玩耍，一头白色公牛朝他们冲过来。欧罗巴和她的哥哥们认为骑牛也挺好玩的。她哥哥们怂恿她第一个上，当她乘上牛背时，牛就从草地上一跃而起，然后突然向海滩跑去，一头扎进海里。过了一会儿，它已经驮着欧罗巴游过了大海。然后他们双双消失了，欧罗巴再也没有见到她的兄弟、父母。然而她的命运并不悲惨，牛经过长途跋涉带她

欧罗巴骑在牛背上

来到了世界的另一方，就是今天以她名字命名的欧洲。在那里，她嫁给了一位国王，成为王后。

但她的老家却遇到了灾难。阿革诺耳派遣他的儿子们寻找女儿并告诉他们找不到就不要回来。她的母亲也随着她的兄弟一起寻找。由于寻找的时间太长，其中有两个兄弟放弃了，并在异地安顿下来。母亲和小儿子卡德摩斯没有放弃，直到母亲快死了。她用最后一口气要儿子发誓去帕纳尔索斯山寻找神谕，直到找到欧罗巴。她一死，卡德摩斯急忙赶往帕纳尔索斯山。他到了山上，找到从前给丢卡利翁传达神谕的石头裂缝。卡德摩斯站在喷射的水汽前求神的旨意。

裂缝中传来深邃的咆哮声。接着听到令人困惑的一句话："跟着奶牛，在它倒下的地方建一座城市。"

卡德摩斯看见一头奶牛正在离他不远的路边吃草。他决定带着同伴跟着它，开启了一段未知的旅程。

虽然奶牛跑了很长时间也没有停下来，但是最终它弯下膝盖，并在地上躺下来休息。卡德摩斯和他的随从决定在这个地方露营过夜。他们想找点水喝，然后发现一块石头底下有一眼泉水冒出。但是这泉水好像具有魔法一样，由一条长着狮爪、鹰翅和蛇嘴的龙守护着。当卡德摩斯和众人接近时，龙突然从石头后面蹿出，杀死了除卡德摩斯以外的所有人。

所幸的是，卡德摩斯还有一把佩剑，当龙张开巨口朝他飞去的时候，他把剑朝着喷火龙的喉咙刺了进去，刺中了龙的心脏。

巨龙倒了下来，这时空中传来一个声音："种下龙牙，噢，卡德摩斯。"

虽然他知道从龙嘴里拔下巨牙非常困难，但还是准备完成任务。龙牙拔下来后，他用剑在地上尽可能地挖洞并种下了一半龙牙。

从来没有种过这样的"庄稼"。每颗牙都长成一个全副武装的勇士，并且跃跃欲试，充满战意。卡德摩斯惊呆了，直到空中传来命令："朝武士扔石头。"

卡德摩斯照办了，然后每个武士都拔出宝剑与同伴厮打起来。战斗声在树林里环绕，勇士一个接一个倒了下去，最后只剩下五个人。卡德摩斯朝他们大喝一声："住手！"当他们停下来后，他继续说道："建设好过杀戮。"然后五人也立刻随声附和："建设好过杀戮。"

当他们来到奶牛卧身之地，卡德摩斯大声说道："让我们在这里建造一座城池。"

勇士们同意了，一切准备就绪后，他们开始建造城池。他们把这座城叫作底比斯，日后，它变得非常有名。

底比斯周围的土地非常肥沃，还长满了青草。卡德摩斯和他的朋友就这样建造了一座城堡。但当时希腊有很多盗贼，经常打劫城堡、偷盗家畜。

为了防贼自保，他们建了一座墙。它不是一面由泥瓦匠所砌的墙，而是一位叫安菲翁的异国音乐家，用那甜蜜的里拉琴声催动石头，让它们舞动并排列到合适的位置而砌成的魔法墙。

　　小时候，卡德摩斯在腓尼基父亲的宫殿中与兄弟以及后来走失的欧罗巴一起读书写字接受教育。现在他的土地安宁而且富庶，所以决定教授人们读书写字。从此底比斯人开始学习文字，卡德摩斯的学校是欧洲第一所教人读书的学校。

　　但是卡德摩斯并不快乐，因为杀龙而得到的惩罚长达八年。惩罚结束后，朱庇特把维纳斯的女儿哈尔摩尼亚嫁给他，并让众神出席他们的婚礼。其中一个结婚礼物是一条项链，能使戴上的人遭受厄运，因此哈尔摩尼亚遇到了不幸。忍受着悲痛，卡德摩斯和哈尔摩尼亚离开底比斯在希腊的西部定居下来。最后，朱庇特同情他们的悲惨遭遇，让他们死后化为大蛇，并进入天堂。

第四章　珀尔修斯

一

　　在希腊的阿尔戈斯城，有一个公主叫达那厄。有个神谕说国王会被达那厄的儿子杀死，国王为了保住自己的性命，将达那厄和她儿子珀尔修斯锁入箱中扔到地中海任其漂流。

　　箱子在海上漂流了两天两夜，最后撞到一座岛屿的岩石上，这个岛屿叫塞里福斯岛。箱子由于撞击有了裂缝，透过缝隙达那厄看到有一个人朝她走来。当他走得差不多近的时候，扔出了一张渔网罩住箱子，把箱子拖到岸上。

　　他打开箱子，放出了达那

珀尔修斯

厄。然后他告诉她，这个岛屿是他的哥哥统治的，哥哥名叫波利得特克斯，他自己叫迪克提斯，随后他带达那厄母子到他家里。

年复一年，珀尔修斯已经长成了一个强壮英俊的男人。不过达那厄依然年轻美丽，波利得特克斯爱上了她。达那厄拒绝了他的爱，珀尔修斯也不希望妈妈嫁给他。波利得特克斯告诉珀尔修斯他要结婚了，他希望得到高登·美杜莎的人头作为礼物送给新娘。珀尔修斯答应取美杜莎的头。这使波利得特克斯非常高兴，他其实不想要美杜莎的头，而叫珀尔修斯去取她的首级是因为他如果去找她就不可能再回来。

可怕的高登三姐妹住在接近日落的遥远小岛上。她们的头发是蛇盘成的，并时时对接近的人发出嘶嘶声。她们还长有金翅和铜爪。其中两个是不死之身，但是最小的美杜莎却是凡人。美杜莎长得非常美丽，但却一副愁眉苦脸的样子，而且只要有人看一眼她的脸就会变成石头。

珀尔修斯答应了他，出了宫殿坐在塞里福斯岛的悬崖上。他注视着白色的浪花发呆，这时众神之使墨丘利出现在他面前，并许诺他和智慧女神密涅瓦都会帮助他。密涅瓦借给他神盾，墨丘利给了他

珀尔修斯与高登三姐妹

光剑，并答应带领他去日落之地找黑色三姐妹。黑色三姐妹会告诉珀尔修斯去哪里寻找赫斯帕里得斯，因为在去高登之前必须得到赫斯帕里得斯的三件宝物才能到达目的地。

离开塞里福斯岛，珀尔修斯开始了他漫长的寻找日落之地的旅途。他一到达，就看见了黑色三姐妹。她们的外貌是他见过最奇怪的，她们只有一只眼、一颗牙，并且不断地轮换着用。

珀尔修斯找到她们的住处，发现门是开着的，于是他走了进去。他高兴地发现三姐妹正在睡午觉，眼睛和牙齿放在一边，于是他快速地把两件宝贝抓在手中。然后，他把她们弄醒，问她们怎么才能找到赫斯帕里得斯。起初，她们不肯说，但是发现眼睛和牙齿不见了，只好告诉他。于是珀尔修斯把眼睛和牙齿还给了她们。

由于路途并不是很遥远，不久他就来到了赫斯帕里得斯的家，这是西大洋的一个岛屿。仙女们早就从密涅瓦那里得知珀尔修斯将来这里，所以当他到的时候，她们欢迎他的到来并答应借给他三件宝物。

"如果走海路到达高登距离太远，"其中一个仙女告诉珀尔修斯，"如果穿上金翅凉

珀尔修斯与赫斯帕里得斯

鞋，就可以像鹰一样飞越天空。"

"高登·美杜莎的头，"另一个精灵说，"必须放在这个魔法皮袋里，以免你看到她恐怖的脸而变成石头。"

珀尔修斯杀死了蛇发女妖

"为了接近高登三姐妹，"第三个精灵补充道，"你必须戴上隐身帽，这样你可以看见她们，而她们看不见你。"

英雄肩挎皮袋，脚穿凉鞋，头戴隐身帽，立刻消失不见。珀尔修斯风驰电掣一般穿过黑海，来到高登家。此时她们正在睡觉。珀尔修斯拿起密涅瓦给的神盾，从盾的反光里看美杜莎皱着眉头的脸，而不直接照面。然后，用墨丘利给他的剑一剑砍下美杜莎的人头，闭上眼睛装进皮袋中，然后迅速离开了这个惊悚之地。

高登的另外两个姐妹醒了过来，急匆匆地跟着他，但由于他戴着隐身帽，她们看不见他，他穿的飞行鞋又快，根本就追不上。

二

当他飞越非洲海岸的时候，听到了哭声，低头一看，看见一个美丽的少女被铁链锁在岸边岩石上。珀尔修斯加速朝她飞去，摘下隐身帽让她能够看到他，然后对她大声说："美丽的女士，为什么你被锁在岩石上啊？"

"唉，"她叹道，"我被当作海神尼普顿的祭品，不管你多想救我，也救不了我的。"

她的话反而坚定了他救人的决心。"为什么尼普顿迁怒于你？"他问，"谁又对你这么残忍？"

"我叫安德罗墨达，国王刻甫斯和王后卡西奥佩娅之女，"少女答道，"我母亲吹嘘我比任何一个海王宫中的仙女都漂亮。她的傲慢激怒了尼普顿，他降下暴风雨，并派遣可怕的海怪来摧毁我们。祭司说只有献上我才能使所有人免除灾难。"

珀尔修斯用光剑砍断了把安德罗墨达锁在岩石上的铁链。这时，一个巨大丑陋的海怪从水里走出来。珀尔修斯戴上帽子不让

珀尔修斯拯救安德罗墨达

他看见，怪物看不见他，就朝安德罗墨达冲过来，珀尔修斯一剑就砍下了他的脑袋以免他伤到安德罗墨达。

珀尔修斯抱着安德罗墨达，穿上凉鞋一起飞到刻甫斯和卡西奥佩娅的宫殿。

在珀尔修斯和安德罗墨达到来之前，王宫里举行过许多愉快的婚礼，但没有人比他们的婚礼来得更令人开心。因为珀尔修斯被人们尊为伟大的英雄，而且人们也爱戴为了他人而牺牲自己的安德罗墨达。

婚礼结束后，珀尔修斯带着安德罗墨达回到塞里福斯岛。他回到岛上后，波利得特克斯在宫中设宴，珀尔修斯飞快地来到宴会大厅，对国王说：

"您看，我把你想要的带回来了。"

说着，他把美杜莎的人头递过去。国王和侍臣看了一眼，就全部变成了石头。

美杜莎的头已经完成了使命，于是珀尔修斯把它带到密涅瓦的神庙献给女神。自从她把美杜莎的头嵌在神盾上，我们就可以在她的雕像上看到它的蛇形卷发和那张苦脸。珀尔修斯又把光剑和飞行鞋还给了墨丘利，把魔法皮袋和隐身帽还给赫斯帕里得斯。

三

你是否记得珀尔修斯的出生地阿尔戈斯？现在他带着安德罗

墨达回到了这里。他的外公，仍然是阿尔戈斯的国王。他依然记得那个说达那厄的儿子会杀了他的神谕，所以显得很警觉，但是珀尔修斯并不感到害怕，并且两人成了好朋友。一天，他们正在玩掷铁环，阴差阳错，珀尔修斯不小心扔到了外公身上，结果要了他的命。于是，希腊人总结出一个道理来："命中注定，在劫难逃。"

　　珀尔修斯被突如其来的悲伤打倒了。他不能再在阿尔戈斯住下去，因此他把王国让给了他的亲属，跟他交换梯林斯王国。

　　在梯林斯，他统治了很长时间，也很英明。众神让他和安德罗墨达死后化为星座，跟大熊座旁边的仙王座和仙后座同时闪耀在空中。

第五章　赫拉克勒斯和他的任务

一

希腊最伟大的英雄当属赫拉克勒斯，或者称赫丘利。他出生在卡德摩斯的底比斯城，他的母亲是珀尔修斯的孙女，父亲是朱庇特。

朱诺，众神之后，恨透了赫拉克勒斯。在他还是幼儿的时候，她派了两条巨蟒要去吃掉他。他用两只小手抓住两条巨蟒的喉咙，直到把它们掐死。

当他长大成人，依照众神之愿，成了他冷酷的表兄——迈锡尼国王欧律斯透斯的奴隶。

欧律斯透斯给了他十二项任务。第一项就是杀掉尼米

赫拉克勒斯与巨蟒

亚猛狮。这是一只生活在尼米亚森林中的凶猛野兽，每隔几天就会吃一个小孩子或者大人。它的皮肤坚硬无比，没有兵器可以刺穿。但赫拉克勒斯艺高人胆大，他把狮子赶进了一个山洞，随后大胆地抓住它的脖子，直到它窒息而死。接着，他把狮皮剥下，给自己做了一件狮皮斗篷。

杀了尼米亚猛狮以后，欧律斯透斯要求赫拉克勒斯杀死勒拿湖中的海德拉。

海德拉是一条九头水蟒，口中会呼出毒气。杀死这个怪兽非常困难，只要它的一个头被砍掉，就会在原地长出两个头。如果赫拉克勒斯不能在砍掉蛇头的时候立刻用火把把九头水蟒的脖子烧焦阻止其新头长出，这项任务几乎无法完成。

第三项任务，要赫拉克勒斯从狄安娜那里捉一只金角神鹿。它住在希腊南部阿卡狄亚森林，脚上有铜蹄，跑起来如离弦之箭，赫拉克勒斯整整追了它一年才将它捉住。

"现在，"欧律斯透斯说，"你去杀掉盘踞在埃利曼托斯山中的野猪。"这个怪兽经常践踏山下农民的田地里的作物。赫拉克勒斯用网捉住这只畜生，并杀了它。

接下来欧律斯透斯的任务是清理奥革阿斯的牛棚。

奥革阿斯是希腊蕃王之一。关在牛棚中的公牛多达3000头，并且整整30年未打扫清理，可见有多脏。赫拉克勒斯只用了一天就把它打扫干净了。他挖了一条大沟，通向流速较急的两条河，引来河水把牛棚冲刷干净。

二

做完了这些，欧律斯透斯说："你还要杀掉斯廷法罗斯湖畔的怪鸟。"一般的鸟翅膀上长的是羽毛，但怪鸟却长着羽箭，能射杀路过的行人。它们还长着铜嘴铜爪，以人肉为食。赫拉克勒斯用毒箭将它们射杀。

欧律斯透斯仍然想着各种法子来刁难赫拉克勒斯，对他说："把克里特的公牛给我带来。"

这头公牛是尼普顿为了破坏克里特岛而派来的，是一只非常可怕的怪物。克里特离希腊不远。赫拉克勒斯立刻动身前往克里特，降伏了公牛，骑在牛背上游过大海回到希腊，然后用肩膀扛着巨兽献给欧律斯透斯。

欧律斯透斯对他能干的奴隶说："去驯服色雷斯国王狄俄墨得斯的食人马群。"他希望他的任务能置赫拉克勒斯于死地。但英雄来到狄俄墨得斯的宫殿，想到一个好主意来驯服这些残暴的马。他杀了狄俄墨得斯，用他的肉来喂马，看，食人马立刻变得像其他马儿一样，欢快地吃起了燕麦和草。

欧律斯透斯派出了第九项任务。

"我女儿，"他说，"想要亚马逊女王的腰带。你去把它拿来。"

亚马逊是一个位于黑海边上的国家。它的风俗是由女人领兵打仗。她们中最勇猛的就是希波吕忒，战神马尔斯赞赏她的勇气，赐给了她一条美丽的腰带。所有的希腊人都听说过这条腰带，也就难怪欧律斯透斯的女儿想要得到它。

赫拉克勒斯到达亚马逊并向女王传达他的使命后，与女王的勇敢相比，她同样非常大方。她说她可以将腰带作为礼物送给欧律斯透斯的女儿。因此，这样看来赫拉克勒斯这次任务是毫无困难可言。不过，朱诺却要阻止他成功。她将自己变作一个亚马逊人混入人群中，散布谣言，说赫拉克勒斯要带走女王。英雄与亚马逊人出现了摩擦，最后打了起来。勇敢的希波吕忒死于战斗中，赫拉克勒斯带着腰带向欧律斯透斯复命。

三

"把革律翁的牛群给我带来。"欧律斯透斯又下了一道命令。

革律翁是一个有着三个身体的怪物。他住在西边大海的一个岛上，现在希腊人叫作大西洋。在他的领地养着一群红色公牛，由一只双头犬看管。起先，赫拉克勒斯不知道怎样去那个小岛。太阳神阿波罗伸出援手，对他说："我有一个金钵，每天晚上我都乘着它从西海到日出之地，现在借给你。"

于是赫拉克勒斯乘着太阳神的金钵安全到达小岛。他杀了双头犬，把所有红牛装入金钵带了回来。

完成了第十项任务归来，欧律斯透斯惊叹不已，他又出了个主意："去赫斯帕里得斯那里拿几个金苹果来。"

朱庇特和朱诺的婚礼是奥林匹斯山上最隆重的。伟大的大地

阿特拉斯的女儿们

母亲克瑞斯，送给朱诺带着金苹果的树枝。这些树枝种在远离希腊的一个大西洋岛上，长成了一棵树。苹果树与金苹果由赫斯帕里得斯三仙女负责守护，并有一条可怕的巨龙协助她们。当赫拉克勒斯听到要从赫斯帕里得斯那里抢得金苹果，也觉得很为难。最后，他去找赫斯帕里得斯的父亲阿特拉斯帮忙。阿特拉斯住在非洲，在西班牙的对面。他的职责是支撑苍天以及日月星辰。

"我会替你取来金苹果。"阿特拉斯对赫拉克勒斯说，"但要我去找苹果，你得替我顶一会儿天。"

两人谈妥后，赫拉克勒斯扛住了天，阿特拉斯则摘了三个金苹果回来，然后巨人又把赫拉克勒斯换了下来，赫拉克勒斯则拿着金苹果向欧律斯透斯交差。

命中注定欧律斯透斯还有一次危险任务要指派给赫拉克勒斯。

"去地狱之门，"欧律斯透斯说道，"把地狱之犬刻耳柏洛斯带来。"赫拉克勒斯不得已向众神求助。他们没有袖手旁观，引魂使者墨丘利、智慧之神密涅瓦，与他一起来到普鲁托的王国。

普鲁托说如果赫拉克勒斯能空手降伏刻耳柏洛斯，就可以带着看门犬去阳间。赫拉克勒斯与怪物以力相较，终于制伏了它，并带着它来到欧律斯透斯的王宫交差。

欧律斯透斯终于被赫拉克勒斯的勇猛顽强所折服，放弃了继续为难他。

四

赫拉克勒斯有一个朋友叫阿德墨托斯，是塞萨利国王，马上就要死了。命运三女神答应，如果他的父母或者妻子愿意为他而死，他的生命就能延续。他的父母拒绝了他的请求，因此他的妻子阿尔刻提斯牺牲了自己。阿德墨托斯为他妻子的死悲痛欲绝，于是赫拉克勒斯再探地府，抢来阿尔刻提斯，然后带她来到丈夫身边。

一天，赫拉克勒斯突然发狂，杀了一位他非常敬爱的朋友。神惩罚他让他患上严重的疾病。他请求阿波罗帮他治好，但被拒绝了。于是赫拉克勒斯试图扛走特尔斐神殿女祭司所坐三脚凳，那是用来跟神通灵时坐的。为此他被剥夺了神力，成了吕底亚王后翁法勒的奴隶。她拿走了他的尼米亚狮皮并把他打扮成女人。

然后让他跪在她脚边纺纱并做了三年女人干的活。在他重获自由之后，他又做出许多英勇事迹。

一次，赫拉克

赫拉克勒斯成为翁法勒的奴隶

勒斯与妻子得伊阿尼拉携手旅行，遇到一条河，这条河既没有桥也没有渡口。河的拥有者是内萨斯，一个半人半马的怪物。他答应背负得伊阿尼拉与赫拉克勒斯一起过河。但当内萨斯到达河中央时，却想趁机抢走得伊阿尼拉，被赫拉克勒斯一支毒箭射中，临死之前，他告诉得伊阿尼拉可以用他的血来迷惑赫拉克勒斯，使他更加爱她。

五

几年之后，得伊阿尼拉变得善妒，失去理智的她滴了几滴内萨斯的毒血在赫拉克勒斯祭祀时穿的长袍上。赫拉克勒斯穿上长袍后，毒性立刻发作，浑身火烧一般。他想把长袍脱掉，但长袍却紧紧地贴在身上，用力一扯，连皮带肉一块儿撕了下来。

事已至此，赫拉克勒斯知道死期将至，于是来到山顶之上，用尽力气拔了几棵树，并堆在一起，做成火葬用的柴堆。用他的木棒为枕，狮皮为盖，躺在柴堆之上咽下了最后一口气。他的朋友点燃了柴堆，英雄随着火苗化为灰烬。火中一朵祥云升起，穿过天空，在风雷声中，伟大的灵魂升上了天堂。

　　朱庇特封他为神，并将美丽的女神赫柏许配给他。

内萨斯强抢得伊阿尼拉

第六章　伊阿宋和金羊毛

一

在希腊伊奥尔科斯城有个善良的国王埃宋。他弟弟珀利阿斯夺取了他的王位。但是珀利阿斯篡位之后并不开心，倒不是怕埃宋复国，因为知道他非常懦弱，而是非常担心埃宋的儿子伊阿宋，虽然他还是个孩子，却可能有朝一日夺取他的江山。

于是，他决定先下手为强杀了伊阿宋，但伊阿宋却连夜消失了，再也找不到。据说他已经死了。二十年过去了，伊阿宋也没有出现在伊奥尔科斯，但珀利阿斯依然担心他还活着，为去心病，他向阿波罗求助。

阿波罗对他回应："留意穿着一只凉鞋的人。"

从此以后，珀利阿斯命令城堡的守门人留意进入城里的每个陌生人的脚。

这些年伊阿宋一直由半人马喀戎照料，他也是希腊最有名的教师。从小伊阿宋就听说了他叔叔的恶行，如今长大成人，决心夺回他父亲的王位。

　　于是，他决定动身前往伊奥尔科斯。一天，他来到一条宽宽的小溪边，上面没有桥。这时一个老妇人也要过河，突然水涨了起来。

伊阿宋

如果老妇人蹚过去，急流就可能把她冲走淹没。说时迟，那时快，伊阿宋抱起了她，冲了过去。

　　其实老妇人是众神之后朱诺假扮的。她偷偷下山，遍寻天下，以期找到一个真正善良的人。她看到伊阿宋谦恭善良，决心助他一臂之力。

　　涉水的时候伊阿宋丢了一只凉鞋，所以到伊奥尔科斯时他光着一只脚。虽然他浑然不觉，但珀利阿斯听说穿着一只凉鞋的人进了城，却异常警觉。

　　"不是我杀了他，"珀利阿斯说，"就是他杀了我。"因此，他派一个信使邀请这个陌生人来到王宫，不一会儿，伊阿宋就来到他面前。"你会怎么做，"珀利阿斯问道，"如果一个想杀你的人被你抓住了？"

　　"我会告诉他，"伊阿宋回答，"到科尔喀斯去，然后取来金羊毛给我。"

　　"好吧，你可以走了，"珀利阿斯假惺惺地说，"你来到这里就是为了从我这里夺回王位，但是如果你取来金羊毛，我就会奉上我的王冠。"

金羊毛的传说非常有意思。

许多年前，一位希腊国王有个儿子叫弗里克索斯。他听说一个神谕，朱庇特希望他将自己的儿子献祭给他。无耻的父亲决定献上自己的儿子。随着年轻的儿子站上祭台，他父亲将要杀他之际，一只金光闪闪的羊从空中跳了下来，站到了他们身旁。弗里克索斯纵身一跃，上了羊背。他妹妹赫勒刚好也在祭台上，跟哥哥一起跳上了羊背。于是，羊驮着两人飞快地逃走了，众人看了就觉得羊像插了翅膀一样，瞬间无影无踪。走着走着，来到分隔欧亚的海峡旁边，公羊纵身跃入波涛之中。可怜的赫勒不一会儿就从羊背上掉了下来，淹没在大海中。从此这道海峡被希腊人叫作赫勒斯滂，意为赫勒之海。今天我们在地图上称它为达达尼尔海峡。

公羊驮着弗里克索斯穿过海峡，继续前行，最终来到黑海边的一座王宫。这座王宫属于科尔基斯国王埃厄忒斯。

弗里克索斯此次能够安全地逃生，全仰仗金羊毛，所以他心

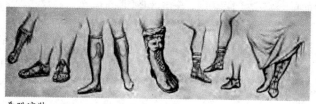

希腊凉鞋

怀感激，将金羊毛进献给朱庇特。自己取下一些羊毛将它钉在属于战神马尔斯的一棵树上。

金羊毛成为世界的一大神物，为了不让人偷走，一条龙奉命守护着它。许多人想方设法去偷金羊毛，但是虽不能说全部，绝多数人因此而丧命。

伊阿宋虽知此行极其危险，但迫于无奈，还是答应去取金羊毛。不过动身之前，他先来到多多那向朱庇特求取神谕。因为多多那有一棵神奇的栎树会告诉人们朱庇特的神谕与旨意。伊阿宋来到树旁，树叶发出沙沙声，一个声音从中传来：

"造一艘可以50个人划桨的大船，带领希腊最伟大的英雄们一同出发。砍下此树的一根树枝嵌入船首，可以引领你们前进。"

伊阿宋依言而行，船造了起来，又将那棵会讲话的栎树做的一块木板嵌入船首。伊阿宋邀请了49位全希腊最勇猛的英雄作为桨手，一同开启探险之旅。他把船命名为阿尔戈号，他和他的伙伴们被称为阿尔戈英雄，或者阿尔戈水手。其中一位叫作俄耳甫斯，是古希腊最伟大的一个音乐家。据说他的音乐能使森林中的树木翩翩起舞。

这个伟大的音乐家在阿尔戈号上大显身手。因为此船是希腊建造的最大的船，开动它非常难。集50位英雄之力也难以移动分毫，伊阿宋不知如何是好，遂向会说话的栎树船首求助。它告诉他让50位勇士登船，让俄耳甫斯一边演奏里拉琴一边唱歌。音乐刚刚响起，船就滑入了水中，于是众英雄开始了神奇之旅。

伊阿宋的另一个同伴是赫拉克勒斯，他的事迹已经在前文讲述过。还有双子星兄弟卡斯托尔和波鲁克斯，他们是双胞胎，并为此献身，死后被众神引入天堂，成为熠熠闪耀的双子星座。

还有一个阿尔戈英雄名叫林叩斯，意为好眼力。他在阿尔戈之旅中始终都在监视，因为他能看见前方一天的行程。

二

经历了种种磨难，阿尔戈英雄最终穿过黑海，到达科尔基斯海岸。埃厄忒斯善意地接受了他们的到来。当他知道他们的来意后，他显得很不开心。因为除了金羊毛，这个国家没有什么值得他骄傲的了。

然而，当伊阿宋详细解释了来由，埃厄忒斯却说：“非常好，既然你们执意要冒险取金羊毛，先得制伏我一对铜蹄、喷火的公牛，把它们套上犁，将金羊毛所在的小树林耕完。然后种下卡德摩斯屠龙后的龙牙，最后要收服守护金羊毛的恶龙。”

埃厄忒斯非常明白伊阿宋如果照他说的做必死无疑。果然，多名勇士被公牛鼻孔中喷出的熊熊烈火烧死，损失惨重。

国王埃厄忒斯有个女儿叫美狄亚。她以美貌与巫术出名。幸运的是，她爱上了伊阿宋并助了他一臂之力。“带上这个油膏，”美狄亚说，“将它涂满全身。这样火牛的烈火就不能烧伤你。子夜时分，我会跟你一起去放养怪兽的牧场。”

那个晚上，伊阿宋跟随美狄亚找到了公牛的牧场。油膏果然起了作用，他没有被烧到分毫。还顺利抓住它们，并套上牛轭，一会儿就将地犁完，平整好。然后种下了龙牙，静静地等待接下来发生的事。

一会儿，地里金光闪耀。那是从地里长出来的头盔在朝阳下的反光。过不多久，每个光点下

美狄亚制作迷药

都站了一个全副武装的武士。"扔一块石头过去。"美狄亚指挥道，伊阿宋依计而行。

石头砸中了其中一个武士，石头弹起来砸中了另一个武士，又弹起来砸中了第三个。新生的英雄们不知石头从何而来，变得疯狂暴怒，然后刀棒齐下，乱劈乱砍，最后只剩下一个，也已经奄奄一息。

接着伊阿宋返回宫殿禀告埃厄忒斯，他已经完成任务，将准备与守护金羊毛的恶龙一战。

入夜，他与美狄亚来到挂着金羊毛的小树林。恶龙迅速冲了出来，张开血盆大口，想把他们吞掉。但美狄亚投出一剂迷幻药，扔进了恶龙的嘴巴，接着恶龙瘫倒在地，睡死过去。

"快点！"美狄亚大喊，"取下金羊毛。"一眨眼，伊阿宋

就把东西摘了下来。"现在，"美狄亚补充道，"我父亲不会让你带走金羊毛的，我们得立刻启程前往希腊。"

带着美狄亚，伊阿宋急忙赶回阿尔戈号。当他来到停船的海边，英雄们热烈欢迎，他们看到金羊毛也是欣喜异常。然后，众人快速登上阿尔戈号，扬帆起航，踏上了他们的回家的路。

回希腊途中，阿尔戈英雄们必经塞壬女海妖的栖身小岛。塞壬海妖拥有天使般的容貌，却是魔鬼的心肠。她们坐在岛边暗礁上，唱着令人动心的歌谣。水手们听到歌声就会慢慢驶近，直到他们的船被暗礁撞破。阿尔戈号能逃此劫难，全仰仗俄耳甫斯。他演奏着里拉琴，唱着比女妖更动听的歌谣，在他的歌声中，伊阿宋和他的同伴们驾船躲开了暗礁，顺利返航。

伊阿宋一回到伊奥尔科斯就把金羊毛呈献给了珀利阿斯，并把它当作供品挂在其中的一座神庙中，以后的事就没人知道了。

当伊阿宋盗取金羊毛时，珀利阿斯杀掉了埃宋。为了报仇，美狄亚设计诱使珀利阿斯的女儿将珀利阿斯杀死。珀利阿斯的儿子就将伊阿宋和美狄亚驱逐出了伊奥尔科斯。

第七章　忒修斯

一

尼普顿与密涅瓦的争论是扰乱众神生活的最激烈的矛盾之一。

刻克洛普斯是希腊最具智慧的人之一，在希腊最好的港口建了一座城池。尼普顿想成为这座城的守护神，而密涅瓦也想获此殊荣。

尼普顿说，因为它是一座很好的港口城市，大量的船进进出出，理所当然应由他这个海神来当它的保护神。

密涅瓦预示说，相对于商贸，将来城民会更注重艺术与学术。因此，作为智慧之神的她，理应成为它的守护神。

其他众神厌倦了他们的争吵，为了结束争论，朱庇特命令他们谁能给这座城市带来更大的利益，谁就成为它的主神。

尼普顿用他的三叉戟在城内的一块石头上一打，立刻变成一匹跃跃欲试的战马。密涅瓦用手一指大地，一棵橄榄树从地上缓缓升起。

朱庇特非常明白，对人民来说，橄榄树林要比战马更有用。因此他决定选择密涅瓦。由此这座城市成为世界上最有名的艺术与学术的圣地。它也根据女神的希腊名——雅典娜而被命名为雅典。

尼普顿和密涅瓦的礼物

二

雅典早期国王中最著名的是忒修斯，是埃勾斯的儿子。埃勾斯也是雅典国王。忒修斯出生在离雅典很远的地方，住在外公家，由母亲埃特拉抚养成人。

当埃勾斯离开他父亲家时，压了一柄剑和一双凉鞋在一块巨石的下面，并对埃特拉说：

"当孩子长大后能移开石头时，让他带着剑和凉鞋来找我。"

岁月如梭，忒修斯长大成人，有一天，母亲领着他来到石头旁边，对他说：

"如果你是个男人，就把石头移开。"

忒修斯轻松地移开石头，看见石头下有一双凉鞋和一把剑。

母亲告诉他压在石头下的凉鞋和剑是他父亲留下的。他是雅典国王埃勾斯。"带上这些东西去雅典找他吧。"她说。

他把宝剑系在腰带上，穿上凉鞋，吻别了母亲，踏上去雅典的旅程。

走不多远，就碰到了麻烦。有一个大盗，号称舞棍手，奔他而来，两个人斗在一处，三两下忒修斯就干掉了强盗。忒修斯拿走了他的大棒，扛在肩上继续前行。

又走了不远，他又遇到一个强盗，名叫辛尼斯，号称"扳树手"。他最有兴趣的事就是把松树扳弯，把路人绑到树的顶端，然后再让树弹回去。受害者在树顶来回摇摆，直到痛死或饿死。当忒修斯到来时，他扳弯了一棵松树把"扳树手"绑在树顶，然后让树弹回去，也让这强盗尝尝他所强加于人的酷刑。

一路走来，英雄来到了大盗普洛克路斯忒斯的居住地，人称铁床匪。普洛克路斯忒斯有一张床，每次他都把路人弄得跟床一样长。如果腿太长了，普洛克路斯忒斯就把腿砍断跟床一样长。如果人太短了，他就把他拉到足够长。忒修斯迫使普洛克路斯忒斯躺在铁床上，并砍断了铁床匪的腿。

就这样，忒修斯不断勇敢地战斗，终于来到了雅典城。他来到城下，向埃勾斯出示他的佩剑。国王认出了宝剑，知道这是他的儿子。他非常高兴，并宣布他为继承人。

三

　　每年，雅典城都要向克里特国王弥诺斯进贡七对童男童女，以献给一个叫弥诺陶洛斯的怪物。怪物住在一个叫魔幻迷宫的地方。迷宫里的路弯曲回绕，非常迷惑人，一旦进去，休想再出来。

　　那一天，七对童男童女即将起航，雅典人人都充满了悲伤。忒修斯下定决心决不让城市笼罩在这种悲痛之中。他决定要杀了弥诺陶洛斯。

　　"父亲，"他对埃勾斯说，"把我当作一个贡品送往克里特。"

　　"不，不，我的孩子！"埃勾斯哭道，"我不能失去你。"

　　"哦，你不会失去我的，"忒修斯答道，"我不但会回来，还要把同去的人一同带回。"

　　最后埃勾斯同意了，让忒修斯成为 14 人中的一个。

迷宫前弥诺陶洛斯的祭品

　　船上的帆都是黑色的，象征着哀悼。忒修斯向他父亲告别时，他说："当我们回来的时候，我会升起白帆。如果仍旧是黑的，那么代表我失败了，但我相信我不会失败的。"

　　当黑帆船到达克里特海岸，一大群人聚集在一起来看贡品。其中就有克里特国王最疼爱的女儿阿里阿德涅。她对这些将被吃掉的人充满了同情。当她得知忒修斯下决心与弥诺陶洛斯一战的时候，她决定帮助他。她看得出他非常强壮，也相信他能够杀了这头怪兽。但是，她担心他找不到迷宫的出路而饿死在里面。于是，在忒修斯进去的时候，她给了他一个线团，并对他说：

　　"我会站在入口处。你进去的时候，逐渐解散线团，如果你杀了怪兽，你就可以顺着线出来。"于是忒修斯牵着线，大胆地进入迷宫。当他一进入迷宫中心，怪兽突然出来偷袭他。它的武器是石头。石头接二连三地飞来，但都被忒修斯挡住了，就像一个熟练的击球员击球一样。最后，忒修斯离它足够近时，一剑刺中了它，怪兽因此倒地身亡。

忒修斯杀死弥诺陶洛斯

阿里阿德涅

　　沿着丝线，忒修斯快速返回到迷宫的出口。阿里阿德涅和被他所救的童男童女高兴地欢迎他战胜回来。

　　忒修斯和阿里阿德涅陷入了爱河，当装贡品的船启程返回希腊时，阿里阿德涅也跟着一起回来了。

　　在返航途中，船到了纳克索斯岛，在那里忒修斯做了一个奇怪的梦，梦中密涅瓦告诉他要把阿里阿德涅留在岛上，因为命中注定她要成为神的妻子。

　　无奈，他把阿里阿德涅留在了纳克索斯岛上，然后驾船回了希腊。之后，她成了神的新娘，神给了她一顶华冠，当她死后，华冠化为北冕座，我们可以在明亮的黑夜里看到它。

　　在从纳克索斯岛回希腊的途中，忒修斯思念阿里阿德涅，进而忘了他曾答应他父亲，将黑帆换成白帆。这是一个非常不幸的疏忽，埃勾斯因此而死，忒修斯悲痛欲绝。

当初忒修斯离开的时候，埃勾斯天天坐在悬崖上远眺大海，希望看到白帆出现。最后看到船出现的时候依然挂着黑帆，可怜的国王想当然地认为，儿子已经被牛头怪吃掉了。他痛苦地举起双手，纵身一跃，跳下悬崖淹没在大海中。至此，这片海被叫作爱琴海，或者是埃勾斯之海。

当船到达希腊的码头时，忒修斯听到了父亲的死讯，忒修斯悲痛地说道："都是我忘了挂起白帆啊！"

他很快成了新王，并为希腊做出了前所未有的贡献。但是，尽管他为了国家劳心劳力，希腊人民却并不感激他。过不多久，他出去远游，由于离开太久，他们选了一个新的国王。当他回来的时候，发现他深爱的人民已经忘了他，于是只好离开雅典，不久就去世了。

雅典人后来懊悔他们如此忘恩负义。他们把他的骨殖带回雅典并举行了庄严的葬礼。以他的名义设立了节日，并把他放在与密涅瓦一样的位置，成为这美丽城市的守护者。

在他死后的几个世纪，他的故事依然在传诵。他留给世界的精神帮助雅典人取得了马拉松之战的伟大胜利。我们将在后文中详细讲述这场战役。

特洛伊战争的英雄们

第八章 "诸王之王" 阿伽门农

迈锡尼早期的国王是朱庇特的后代。其中一个，叫阿伽门农，他是这个时期希腊最有权势的国王，因此被称为"诸王之王"。在他统治时期，发生了著名的特洛伊战争，应该是公元前1193年。所有希腊有名的英雄都参加了这场战争。由此演化而来的故事流传了下来，至今人们依然津津乐道。

勇敢的塞萨利国王珀琉斯和美丽的海仙女忒提丝正在希腊举行一场豪华的婚礼。喜宴设在皮立翁山，离神府很近。为了表示对忒提丝的关爱，众神从奥林匹斯山下来向她祝贺。阿波罗射出的光箭透过抖动的栎树叶子，地上立刻变得金光闪闪。仙女们将白玫瑰花环挨个挂上树枝。草藤上布满了鲜花，于是空气中到处弥漫着它们的芳香。

但当缪斯女神唱起她们甜美的歌曲时，一个金苹果突然落在众神和仙女中间。这是不和女神扔进来的，因为婚礼没有邀请她，她为此感到非常生气。

墨丘利当然也在宾客之中，他捡起金苹果，对着上面的字读了出来："只有最美丽的人才能拥有我。"

朱诺、密涅瓦、维纳斯都称苹果应该给她，女神们吵得不可开交。朱庇特只好对她们说："你们随着墨丘利一起去艾达山找放羊人帕里斯，让他来评判。"

墨丘利领着众女神立刻飞向艾达山去找帕里斯。

帕里斯是普里阿摩斯的儿子，是富庶强大的特洛伊城国王。特洛伊与希腊相对，中间隔着爱琴海。帕里斯的母亲梦到他会给特洛伊带来灾难，正因如此，他一生下，普里阿摩斯就命令一个牧羊人带着婴儿到积雪覆盖的艾达山，离特洛伊不远，想让他冻死饿死。

五天之后，牧羊人发现他还活着。这使他意识到是神不愿让他死，所以他带着孩子回家交给他老婆，他老婆像对待自己的孩子一样把他带大。

帕里斯自认为是一个放羊娃，当羊在艾达山的山坡上吃草的时候，帮助国王普里阿摩斯照看它们。

皮立翁山上的婚礼那天，他正在看着羊群，墨丘利和他的三个同伴突然出现在他面前。女神们是如此可爱，当她们问他谁最漂亮时，他完全不知所措。而且每个人都试图说服他来选择自己。朱诺答应让他成为最有权势的君王。密涅瓦要让他成为最有智慧的男人。而维纳斯声称会给他最美丽的女人作为他的妻子。他把苹果给了维纳斯，但这样做也得罪了密涅瓦和朱诺。

帕里斯的评判

此后不久，帕里斯来到特洛伊，参加一些普里阿摩斯在宫廷中举行的比赛。这些比赛分别有摔跤、拳击和赛跑。这个不知名的牧羊人得到了很多奖赏。很快，他的真实身份被发现，普里阿摩斯热情地欢迎他回家。

同时，维纳斯没有忘记她的承诺。她建议帕里斯乘船去希腊，那里可以找到世界上最美丽的女人。这个女人叫海伦，是斯巴达国王墨涅拉俄斯的妻子。

帕里斯来到斯巴达，在维纳斯的帮助下赢得了海伦的芳心并带她一起回到了特洛伊。

当墨涅拉俄斯发现他妻子被人偷走后，他向希腊各邦国的国王发出信息，请求他们帮他夺回海伦，并惩罚帕里斯。由于在海伦嫁人之前至少有30个国王都希望娶海伦为妻，并且发誓如果有人想从海伦的丈夫身边抢走她，他们就会帮助海伦的丈夫。因此他们一收到墨涅拉俄斯的消息，也为了履行自己的誓言，这些蕃王做好了向特洛伊开战的准备。

海伦

同时墨涅拉俄斯的弟弟阿伽门农也忙碌地为战争做准备。他的伐木工人砍伐紫杉做成弓，收集芦苇削成箭。在他的船厂，成百上千的人正在打造大船。路上一片繁忙，国人正忙着把大量的大麦、小麦、腊肉和橄榄油存入船中备用。

最后，一百艘黑色的船只准备就绪，阿伽门农开船起航。各地的希腊人选择了一个叫奥立斯的地方聚首。1200艘船聚集在那里，阿伽门农被选为总司令。

船只刚刚准备向特洛伊进发，一场可怕的风暴袭来，阿伽门农感到众神之一对希腊人发怒了，所以他向神机妙算的占卜师卡尔克斯求教。

"狄安娜生气了，伟大的陛下，"卡尔克斯说，"但不是冲着希腊人。只因你冒犯了她，你在林中杀了一只鹿，并吹嘘你逐鹿的本事比狄安娜本人还要好。等等，陛下，"他补充道，"如果你将你的女儿伊芙琴尼亚作为祭品在祭台上献给狄安娜，风暴将会平息。"

阿伽门农心都碎了，但他感到狄安娜的意愿必须满足。于是他派遣使者向伊芙琴尼亚的母亲说希腊王子阿喀琉斯将要娶女儿为妻，叫她立刻来奥立斯。这只是一个引诱伊芙琴尼亚来奥立斯的计策。

然而，当她来到奥立斯，从父亲那里得知了真相，女孩表现得非常大义凛然。"我的父王，"她说，"如果我的死能帮助希腊人民，我会献出自己的生命。"

伊芙琴尼亚的献祭

　　她的话感动了所有人，9000 将士为之悲痛。最坚强的勇士，阿喀琉斯和埃阿斯也哭了，阿伽门农更是痛苦得快疯了。

　　此时女孩躺在祭台上，狄安娜的女祭司站在旁边，女神看着奥林匹斯，也由感动转为同情，正当父亲举起他的剑要杀她的时候，一团像雪一样白的云出现在他头上。狄安娜从云上降了下来，把女孩从祭台上移走，并驾云带她到女神的一座神庙里，在那儿让她做了女祭司。而祭台上，一只白色的幼鹿代替伊芙琴尼亚而死。

　　紧接着，狂风骤起，希腊船上的帆也升了起来，舰队快速地驶向特洛伊，围攻城池的战斗开始了。

第九章　最勇敢的希腊人阿喀琉斯

在与特洛伊人的战争中，阿喀琉斯是全希腊最勇敢的战士。他是珀琉斯国王与美丽的海洋女神忒提丝的儿子，在他们的婚宴上，不和女神厄里斯在宾客当中抛下了金苹果。

忒提丝是永远都不会死的，当阿喀琉斯出生的时候，她便下定决心让他和她一样长生不死。她把孩子抱在怀里，一直走到阴森的冥界。你也许会记得那里有一条被称为"冥河"的黑暗之河，环绕着整个冥界。如果凡人在里面浸泡，刀、箭以及其他武器都不能够伤害他。忒提丝抓着阿喀琉斯的脚后跟，把他浸泡在冥河里。因为忙着离开地狱，她忘记把孩子的脚后跟也放在冥河里浸泡一下——那是她一直抓着的地方。因此只有脚后跟，只有那里，才能够伤害阿喀琉斯。

当忒提丝听说希腊人将要攻打特洛伊人，她非常沮丧，因为她知道如果她的儿子参加战争就一定会丧命。她把他装扮成女孩的样子，把他带到离希腊很远的斯库罗斯岛，并藏在吕科墨得斯的宫殿中。

　　由于卡尔克斯曾预言没有阿喀琉斯的相助，特洛城攻不下来。因此希腊各蕃王决定他必须跟他们一起上战场。

　　希腊有一个非常聪明的酋长，名叫尤里西斯。他得知了阿喀琉斯的藏身之处，然后动身前去找他。

　　一天，一个不法商贩出现在斯库罗斯的宫殿大门外，带来了各种美丽的东西叫卖。公主们看到商贩拿出一件件东西感到非常高兴。突然，空中战号响起，所有女孩都吓得跑开了，只剩下一个。这个女孩从商贩的货物中拿起一面盾牌和一支矛站在那里，做好了战斗准备。

　　商贩就是尤里西斯假扮的，就这样，他终于找到了阿喀琉斯。于是，他告诉年轻人所有希腊的诸侯都准备与特洛伊人一战。阿喀琉斯非常渴望与他们一起参战，虽然忒提丝为他做了那么多，但是阿喀琉斯还是与各路诸侯一起向特洛伊进发。九年后，他成了希腊的冠军。

阿喀琉斯在吕科墨得斯的宫中

特洛伊人想要烧掉希腊船只

　　战争进行到第十个年头，不幸降临到了希腊人头上。他们抓住了两个漂亮的战俘，其中一个给阿喀琉斯当奴隶，另一个给了阿伽门农。巧的是给阿伽门农的奴隶是太阳神阿波罗的祭司——克律塞斯的女儿。

　　失去女儿对克律塞斯是一个巨大的打击，他向阿波罗祈祷，并要求报仇。阿波罗答应了他，并用银弓金剑射向希腊军营，给他们带来了一场瘟疫。帐篷里到处躺满了尸体与临死的士兵。

　　占卜师卡尔克斯告诉希腊人阿波罗惩罚他们的原因，并把女孩送还给了他父亲。神终于息怒了，他也不再向希腊人射箭，停止给他们带来瘟疫。

　　但是阿伽门农却把给阿喀琉斯的那个奴隶占为己有，这使得阿喀琉斯非常恼怒，宣称再也不帮助希腊人。他每天都待在帐篷里，或者坐在海边向他的母亲讲述阿伽门农的不是。

　　这时，特洛伊人得知阿喀琉斯没有参加战斗，变得无所畏惧，最后打开城门，从城中冲了出来，把希腊人赶出了营地。普里阿摩斯的一个儿子赫克托，悄悄跟着他们来到他们的船上。一小队特洛伊人带着火把想把希腊战船烧掉。其中一艘已经着火。

然而正在这时，特洛伊人想从船上逃回他们自己城中的时候，一个看起来像阿喀琉斯的勇士冲了出来。这个勇士并不是阿喀琉斯，而是他最忠实的朋友普特洛克勒斯，他还穿着他的盔甲。特洛伊人看走了眼，把他当成了大英雄阿喀琉斯。甚至连赫克托也望风而逃。但是，为特洛伊人助战的阿波罗，用他的银弓射出了一箭并击中了普特洛克勒斯，然后他倒在了地上。赫克托趁机杀了他，并把阿喀琉斯的盔甲当成战利品带走了。

当阿喀琉斯得知他的好友被杀，终于放下了过节，喊着希腊人的作战口号，冲出帐篷。他既没有盾也没有矛，但是特洛伊人听到他的声音之后还是落荒而逃。希腊的战船和帐篷终于保住了。

普特洛克勒斯的尸体被抬进了阿喀琉斯的帐篷。英雄看着朋友，失声痛哭。

尼普顿升起海浪帮助希腊人

　　当他坐在那里痛悼友人的
时候，他的母亲忒提丝离开海
中之家，升上海面来安慰他。
然后她来到伟大的铁匠武尔坎
努斯处，还记得吧？就是那个
为众神打造铁器和铜器的神。
请求他：

　　"武尔坎努斯，行行好，
给我儿子打造一副神穿的盔
甲吧。"

忒提丝为阿喀琉斯穿上盔甲

　　不一会儿，埃特纳山上的锻炉燃起了熊熊火焰，独眼巨人的
铁砧叮当作响，一副神穿的盔甲打造完成。

　　穿上这副盔甲，阿喀琉斯把特洛伊人打得屁滚尿流，就像狼
入羊群一般。他终于杀了赫克托，把他的尸体绑在战车上，拖着
他在普特洛克勒斯的坟墓旁转了三圈。

阿喀琉斯拖着赫克托的尸体

　　帕里斯为了给赫克托报仇，伤了阿喀琉斯的脚后跟，不久英雄因此而死。

　　成百上千的特洛伊人被希腊人所杀，但是特洛伊城墙依然屹立不倒，没有一个希腊勇士能够攻入城中。一个奇妙方式保住了特洛伊的安全。因为城里有一个雅典娜的神像，特洛伊人都相信这是从天上来的。它被叫作帕拉斯神像，取自雅典娜的另一个名字帕拉斯。只要神像还在，特洛伊城就不会被攻破。

　　结果，聪明的尤里西斯，在希腊另一个勇士狄俄墨得斯的帮助下，偷来了帕拉斯神像。就是那天晚上，他们俩爬上特洛伊城墙，偷偷来到帕拉斯神像供奉的神庙中，把神像带走了。

　　他们一回到希腊军营，尤里西斯就建议希腊人建一个巨大的木马。当它建成之后，里面藏满全副武装的士兵，并把它留在特洛伊城门前。然后，希腊军队烧掉帐篷并返航回家。其实他并没走远，只是藏在一个离特洛伊海岸不远的岛后面。

　　一个机灵的希腊人西农被留了下来。他告诉特洛伊人木马可以保护他们的城池，就像帕拉斯神像一样。于是，他们愚蠢地把木马拉进了城里。

　　夜幕降临时，西农从木马里放出武装的士兵，并点燃火炬报信给希腊舰队。时隔不久，舰队就转了回来，希腊

特洛伊木马

为奴的安德洛玛刻

士兵也再次聚集在特洛伊城外。城门被西农和他的同伴打开，成千上万的希腊人涌了进来。他们大肆屠杀熟睡中的特洛伊人，侵占了普里阿摩斯的宫殿，烧毁了城市。

自此，十年的战争结束了，墨涅拉俄斯夺回了美丽的妻子海伦。接着他和剩余的希腊军队返航回到他们的祖国。

许多特洛伊人被希腊征服者当作奴隶带了回去。赫克托的妻子安德洛玛刻被献给了阿喀琉斯的儿子，他把她作为战俘带回了自己的宫殿。

第十章　尤里西斯历险记

一

　　尤里西斯是伊萨卡岛的国王，本来不想去参加特洛伊战争，因为有个预言，说如果他去了，20 年内就不能回来。所以他装疯，把牛和马套在一起，去海边耕地，然后在沙地里种盐。

　　其中有个酋长怀疑这是个计谋，想试试尤里西斯。他把他的幼子忒勒马科斯放在犁的前面，尤里西斯立刻把犁划向一旁，就这样他装疯的伎俩被识破了。如此，他再也没有借口待在家里，不得不跟着其他的酋长一起投入战斗。

尤里西斯表明他的疯狂不过是种伪装

在占领特洛伊的过程中，他为希腊人做出杰出的贡献。阿喀琉斯死后，他的神奇的盔甲赐给了尤里西斯。

特洛伊沦陷以后，他马上返航回家。如果风平浪静的话，他可以在一个月内到达伊萨卡岛。但他用了十年的时间，下面是十年来发生的故事。

他几乎开不了航，因为他的船队被困在了暴风当中，还被吹到了吃忘忧果的人住的地方。忘忧果是一种吃了可以永远忘记家庭忘记朋友的植物。两个尤里西斯的水手来到沙滩上没有几分钟，就尝了这种奇妙的食物，并且渴望与吃忘忧果的人待在一起以至于他们不得不被拖回到船上。

在离开食莲者之地后，船队到了另一个海岸。水手看到一个山洞，洞口有一大群绵羊与山羊。尤里西斯带着12个随从，走向山洞查探，看看是否有人住在那里。他们带了一瓶陈年佳酿，准备在遇到这个岛的国王时做见面礼。

他们进入洞中，看到了关绵羊和山羊的羊圈。同时也看到了几篮奶酪。毫无疑问那里住着人，于是尤里西斯决定等着主人回来跟他买一些奶酪。其间，他和水手尽情享用洞里的食物。

随着太阳西下，传来了绵羊和山羊的惨叫声，从洞口望出去，希腊人看见主人朝着他们回来了。

他是巨人中的一族，叫独眼巨人，你是否记得那个为朱庇特锻造雷电，在对抗克洛诺斯的战斗中大显神威的巨人？他的背上扛着一捆柴火。一群绵羊和山羊走在他的前面。这个山洞是他和羊群的住所。

当巨人赶着绵羊和山羊进了山洞，自己也跟了进来，并用巨石堵住了入口。不一会儿，他开始挤山羊的奶。一边挤奶，一边自言自语，有小偷偷了他的奶酪。挤完奶以后，他在山洞的地上点了一把篝火，坐下来以奶酪和羊奶作为晚餐。

篝火照亮了山洞中希腊人藏身的各个角落，独眼巨人很快看见了他们。

"你们是谁？"他声如炸雷，"来这里干什么？"

"尊贵的主人，"尤里西斯回道，"我们是希腊人，从伊萨卡岛而来。我们与其他来自各地的希腊人在特洛伊战斗了十年。最后，我们攻下了城池，现在返航回家。一场风暴把我们吹到您的岛上，于是我们下船来寻找食物。以崇高的神的名义，我们请求您给我们一点东西吃，并让我们继续前行。"

"我才不管什么神，"独眼巨人咆哮道，"但是对于人类，让我给你们看看我有多么喜欢人。"

说着，抓起两个希腊人，把他们吃掉了，连骨头都吞了下去。其余的人看得毛骨悚然。

一会儿，独眼巨人用完晚餐就去睡觉了。如果不是因为挡在山洞门口的巨石，尤里西斯和他的同伴早就下手杀了他。因为集所有希腊人之力也难以移开巨石，所以他们要留着独眼巨人等他第二天早上推开巨石。

第二天早上，巨人又吃了两个希腊人之后，他移开了巨石。

但是他刚把羊群赶出去就把巨石给堵上了，希腊人再次被关在里面。到了晚上，独眼巨人回来后又吃了两个希腊人。尤里西斯想到他的陈酿就请巨人尝尝，巨人尝试了一下，然后快速地喝了三杯。

"你叫什么名字？"独眼巨人问道。

"Noman（诺曼）。"尤里西斯回答。

"很好，Noman（诺曼），我将最后一个吃你。"说着话，巨人恍恍惚惚就倒了。

尤里西斯把独眼巨人用来走路的橄榄树枝做的手杖削尖，然后把尖头放入火中直到点燃。接着在四个随从的帮助下，猛地将烧红的尖头刺入巨人的眼中。

巨人惨叫一声，惊醒了住在附近山洞的其他巨人，他们闻讯赶来，推开了巨石，问是谁伤害了他们的同伴。

"Noman（没人）！"独眼巨人一声尖叫，"Noman（没人）弄瞎我的眼睛。"

他的朋友想当然地理解成没有人伤害到他。他们以为他吃完烤奶酪后做了一个噩梦，于是他们各自回洞去了，并没有把巨石再次堵上。

此刻，尤里西斯突然想到一计，可以把他的朋友们和他一起救出山洞。他把个儿大的、毛长的羊绑在一起，三个一排，将一个希腊人绑在中间那只羊上，那样每个人都被羊毛遮住了。他自己则紧紧抓住羊群中最大的一只羊。

巨人向尤里西斯的战船扔石头

当羊群经过洞口出去的时候，独眼巨人想希腊人可能会骑着山羊或绵羊出来，所以每只羊经过山洞时，他都摸了一下羊的背。但他没摸到希腊人，于是所有人安全地出来了。

尤里西斯集合所有人并快速跑向他们的船，还把几只独眼巨人的羊也赶了过去。当他们和羊一起登上战船，尤里西斯大喊道：

"再见，独眼巨人。现在你对神有什么想法啊？他们派我来惩罚你的残忍。Noman（诺曼）不是我的名字，我是尤里西斯，伊萨卡岛的国王。"

这下独眼巨人捡起大石头扔向尤里西斯的战船。所幸，战船没有被打中，尤里西斯和他的人走上了回家的路。

二

他们到达的下一个岛是风神埃俄罗斯的家。埃俄罗斯热情招待了尤里西斯。风神送了他们西风，可以带着船在九日内到达伊萨卡岛。他把风神给的其他风向的风装在一个结实的皮袋里。尤里西斯就此向埃俄罗斯话别。

一时间，一切顺利。一天，不巧，尤里西斯睡觉的时候，有个船员解开了风袋，希望可以在里面找到钱。一打开，风就跑了出来，他们的船又被吹到了埃俄罗斯的岛上，但这次他把他们赶了出来，他认为这是众神对他们不满才有此劫数。

战船到达的下一个岛上有巨大强壮的食人族。他们打破了所有的船，除了尤里西斯指挥的那一只，然后摆起了水手宴。

尤里西斯和他剩下的随从驾着唯一的那艘船逃走了。不久，他们又来到了另一个岛，在离海岸边不远处看到树木中有一座大理石宫殿。他派了 22 个人，在他信任的船长欧律洛科斯的带领下去讨要食物。

当欧律洛科斯到了宫殿，他遇到一群狮子、老虎和狼。他们蹦蹦跳跳讨好他和他的船员们，就像许多好玩的小猫小狗一样。这使欧律洛科斯提高了警惕。他立刻想到这宫殿一定是某个男巫或女巫的家，在宫殿门口，他问道："有人吗？我们是寻找食物的外来人。"

"欢迎！"里面一个声音回答，"欢迎来到太阳神女儿的宫殿。我会给你们最好的东西。"

声音来自一个名叫喀耳刻的女巫。她最开心的事就是把人变成畜生。刚才看到的狮子、老虎和狼其实是人变成的，他们跟她聚餐时喝了她的魔法酒才变成这样的。

喀耳刻和尤里西斯的同伴

　　欧律洛科斯婉拒了，但是他的随从却都是贪吃的人。他们贪婪地吃着，大口地喝着。当宴席达到高潮时，喀耳刻用她的魔法棒点了一下他们，就把他们变成了猪。

　　欧律洛科斯返回船中，汇报了发生的事。尤里西斯迅速赶往喀耳刻的宫殿。在路上碰到了墨丘利，并与他走了一段路。当他们经过一个树林，神从一株白花黑根的魔草上摘了几朵花给尤里西斯。

　　"到时候你闻一下它们，"墨丘利说，"如果喀耳刻与你讲话，特别是请你喝她的魔法酒的时候。"

　　等他到了宫殿，英雄像他的同伴一样受到了欢迎。喀耳刻倒了一金杯美酒，递到他手上。尤里西斯拿起杯子喝了下去，并小心地一直闻着墨丘利在林中给他的魔草。

　　当杯子空了的时候，女巫用她的魔杖点了英雄一下，说道："现在，变成猪吧，可以跟你的同伴一起呼噜呼噜。"

　　然而，一切毫无变化，尤里西斯拔出宝剑，大喝道："邪恶的女巫婆，你对我毫无作用。众神派我来这里惩罚你，你去死吧！"

　　"如果你放了我，我将解开他们的魔法。"她哭着说。

　　于是尤里西斯跟着她去了猪圈，她用魔杖挨个点了一下。点过的动物立刻还原成人。接着那群狮子、老虎和狼也都被点了一下，他们也马上变回了人。

　　其余船上的希腊人也被叫了过来，喀耳刻宴请了他们。此后，尤里西斯在她的岛上住了一年。

　　当他最后启程返航时，女巫给了他几个忠告。在他和他的水手回家的路上必须要经过塞壬女妖岛，就像阿尔戈英雄们在很久以前遇到的一样。

　　"为了顺利通过塞壬女妖岛，"喀耳刻说，"当船驶近小岛时，让水手们用石蜡封住耳朵，并把你绑到桅杆上。"

　　尤里西斯和他的随从离开了喀耳刻的海岛。随着他们驶近塞壬女妖岛，尤里西斯叫水手们用石蜡堵住耳朵并把他绑在桅杆上。当他们驾船经过女妖面前的时候，一阵优美的歌声从水面飘了过来。

　　"放开我！"尤里西斯对水手们大喊。"放开我。我要到歌声那边去。"但是水手们继续行驶。他们既听不见他的叫喊也听不见塞壬的歌声。

　　"狗奴才！"尤里西斯吼道："把我解开！"但是水手们依然前行。

歌声越来越弱，到了最后一点也听不见了，船队终于脱险了。于是水手们把蜡从耳朵里拿了出来，解开了绑着他们首领的绳子。

三

经过塞壬女妖岛之后，尤里西斯驶经一个危险的海峡，如今叫作墨西拿海峡。其中一边有一个石洞里，住着一个六头六嘴的恶魔斯库拉。每张嘴都可以把人整个吞下去，而且六张嘴同时可以吞六个人。另外一边住着卡律布狄斯，是一个巨大的漩涡怪，可以吞没所有经过的船只。

尤里西斯认识到他不可能同时逃离这两个威胁，于是避开卡律布狄斯而驶近斯库拉。他命令手下驾船以最快速度经过恶魔的山洞。船像离弦的箭一样冲向这片水域，但是斯库拉也非常快，她立刻伸出六个巨头，咬住了六个水手。正当她吞噬他们的时候，船从她身边快速驶离。终于，尤里西斯带着残部逃离了恶魔的山洞。

英雄想继续他的返程，不做一丝停留，但是他的同伴太累了，只好同意他们登上西西里岛海岸休息一晚。于是，他们把船拖上沙滩，然后很快睡了过去。

第二天早上，狂风朝他们呼啸。可想而知，如果他们出海，船也会被击沉。风暴肆虐了整整一个月，聪明的尤里西斯也不知道如何是好。

最糟糕的是，他们的生活物资快耗尽了。于是水手们决定杀几头极好的肥牛，这些牛是阿波罗暂养在岛上的。尤里西斯曾经警告他们不要杀牛，还命令他们不要碰它们。

然而有一天，他不在的时候，船员们杀了几头牛。他们点起火堆，割了几块上好的牛肉放在火上烤，突然牛肉叫了起来，好像活的一般，杀掉的牛皮站了起来，摇着尾巴，晃着牛角，在岸边蹦蹦跳跳。

一会儿，恐怖的事情终于平息了。水手们吓坏了，拖着他们的船下了水，驾着船有多快驶多快。

他们走不多远，突然，天空乌云密布，一阵狂风吹来。船在风暴中支离破碎，所有人都被淹死了。只有尤里西斯被冲到了一个孤岛的岸边。

这座岛是海仙女卡里普索的住所。她对翻船落海的英雄非常友好，并对他产生了好感，留他在岛上住了七年。她允诺如果他能永远陪着她，就让他长生不老。

但尤里西斯归家心切。没办法，最后卡里普索领着他去岛的另一边，在那儿看到了一片高耸的松树林。他用一把锋利的铜斧，飞快地砍了20棵树，做成了一个木筏，然后向卡里普索告别，再次踏上了回家的归程。

不一会儿，暴风雨来了，巨浪击打着木筏，很快木筏就被打碎了。英雄抓住其中一根原木，漂了两天两夜。风暴终于平息，尤里西斯看到不远处有陆地，就游向岸边。他又冷又饿，把干的树叶聚集起来，躺在上面，很快进入了梦乡。他整整睡了一个晚上加一个早晨。

到了中午，这个岛国国王的女儿诺西卡，与她的仆人来到海边。她们的说话声与笑声惊醒了尤里西斯。公主听他讲述了船失事的经过，就把他带回了家，也就是她父亲的宫殿。

诺西卡与她的女仆

在这里他受到了隆重的欢迎，而且恰好第二天有一艘新船刚刚打造好，就这样他被送往伊萨卡的家中。

黎明的时候，船到了伊萨卡，尤里西斯依然睡得很香。船员们用他盖着的毛毯裹着他抬出船舱，然后把他放在海边的沙滩上不去吵醒他。

当他醒来的时候，不知道自己在哪儿。但是女神密涅瓦出现了，告诉他是在他自己的伊萨卡岛，而他的妻子珀涅罗珀仍然像以前那样爱他。接着他越过岛上的石山走向猪倌的农舍，猪倌把他请了进去。他没有告诉猪倌他是谁，并在农舍住了一夜。

第二天一早，尤里西斯的儿子忒勒马科斯来到猪倌的家。他找了父亲很久，刚刚回来。尤里西斯向儿子表明了身份，两人谈了很多关于尤里西斯不在的那些日子所发生的事。

数以百计的来自伊萨卡和邻近小岛的人来到尤里西斯的王宫向珀涅罗珀求婚。他们长年累月地待在王宫，吃她的，喝她的，还要求她嫁给其中的一个。但她告诉他们除非她做完了他公公的寿衣，因为他很老了，很快就要死了。她花了好几年的时间还是没有做完寿衣，原来她白天缝好，到了晚上再拆开。

那些追求者最后发现了她用计在耍他们，再也不想等待下去了。他们坚持要求她选择其中一个做她的丈夫。就在他们逼她的这个节骨眼上，尤里西斯回家了。

他想出一条计策来惩罚这些求婚者。他叫忒勒马科斯一个人先回去看他母亲，接着，自己打扮成乞丐跟着猪倌。

当他穿着破衣烂衫来到宫门前，谁也没有认出他是谁，但是他的老狗阿尔戈认出了他并舔了舔他的手。猪倌引路去宴会大厅，不远处还跟着一个衣衫褴褛的乞丐，手里拄着一根拐杖。

猪倌恭敬地给了他一个座位，请他在酒桌上随意吃喝。尤里西斯刚一坐下，追求者们对他的嘲笑和凌辱便接踵而来。忒勒马科斯看到父亲在自己的宫殿受到如此大的屈辱，心如刀绞一般，但是还是控制着自己的情绪，静观其变。

尤里西斯来了不久以后，珀涅罗珀也来到了宴会大厅。她不知道她的丈夫已经回来，但是密涅瓦已告诉她怎么做了。于是，她站在支撑大厅的圆柱前，说道：

"所有在尤里西斯大厅里的人听着，如果你想取代我的丈夫，我就带你去试试他的弓，无论谁可以弯弓搭箭并且射中12环，

珀涅罗珀和求婚者们

我都会嫁给他，还会离开这个家跟他回去。"

　　紧接着，追求者们一个个傲慢地去拉弓，然而，有一个算一个，根本没人拉得动。

　　这时尤里西斯走了出来，也要去试试拉弓。尽管充满了嘲讽和讥笑，他还是得到了许可。

　　他毫不费劲就拉开了弓，就像熟练的竖琴演奏者拨动琴弦一样容易。箭像长了翅膀一样笔直地穿过了12个圆环。紧接着又一箭，射中了追求者中的头目。忒勒马科斯和他的两个忠实的手下，早已将大厅的门锁死。现在尤里西斯在他们的帮助下，箭纷飞，刀出鞘，棍棒齐下，直到大厅里所有试图谋夺他妻子和王国的求婚者倒地身亡。

　　当珀涅罗珀得知这个乞丐是她的丈夫时显得异常兴奋，而尤里西斯也很高兴她依然爱他，回想过去的一切犹如一场梦一样。

尤里西斯杀死求婚者们

第十一章　来库古

一

特洛伊战争大约过去八年以后，赫拉克勒斯的后代及他的一大帮追随者，入侵了伯罗奔尼撒半岛，也就是希腊南部，阿伽门农和墨涅拉俄斯曾经生活的地方。他们夺取了斯巴达，并作为首都，此后他们自称斯巴达人。

斯巴达人奴役原来住在这个国家的国民，称他们为农奴或俘虏。侵略者自己分封土地，然后迫使农奴为他们劳作。

大约三百年以后，一些斯巴达人变得富有，而另外一些则失去土地和农奴，成了穷人。

那些失去财富的斯巴达人不愿意像奴隶一样去劳作，有时候，孩子没有面包吃了，他们就聚集一帮人在斯巴达的街上游行，闯入富人的家中，强夺任何可以到手的东西。

在一次暴动中，其中的一位国王（为了制衡权力，斯巴达有两个国王）从王宫出来制止这场暴乱。他试图劝说人们停止暴动然后回家，但他们不予理睬，人群中有一个屠夫冲了上去，刺了他一刀。

国王有两个儿子。大儿子成为新王，但不久也死了。小儿子是希腊历史上最有智慧、最出色的人之一。他的名字叫来库古，在他哥哥死后，每个人都希望他继承王位。但是前国王的幼儿是合法的继承者，于是来库古拒绝登基而成为摄政王。

他以幼君的名义暂时治理这个国家，但一些人控诉他想取而代之。于是他放弃了摄政王而云游四方。他访问了很多地区，研究了他们的施政方法。消失了几年之后，他回到了斯巴达。他发现富者愈富，穷者愈穷，情况比他走的时候更不乐观。每个人都来求他，认为只有他可以帮助他们。

他说服人们由他为斯巴达制定新的法律。他做出的第一个改变就是让每个斯巴达人拥有选票。由 30 人组成的元老院起草法律文件，但是需要召集全体市民来通过或否决它们。

其次，他劝说富人把土地均分给市民。这样，没有人比别人拥有更多，但是每人每户都有足够的农田在一年中种植大麦或者小麦，榨取橄榄油及酿造葡萄酒。斯巴达人不允许从事劳作或者贸易，因为奴隶也被平分，所以每个斯巴达人都由奴隶替他们干活。

除了斯巴达人和奴隶，还有一群人生活在斯巴达土地上，他们既不是像农奴一样的奴隶，也不是斯巴达公民一样的市民，是一些农民、商人和技术工人。他们必须缴税，需要时还要参加打

仕，但他们跟农奴一样在政治上没有话语权。当时大约有 1 万斯
巴达人，另外两个阶层总共 14 万。这样你就可以看出斯巴达的
政治权力集中在极少数人手里。他们的政府因此被称为"寡头统
治的政府"，意为极少数人的政府。

二

来库古不希望斯巴达参与贸易并且致富，据说他命令用铁做
成他们的货币。铁币在斯巴达以外几乎不值钱，这样一来，其他
国家的商人不想让他们用铁币给货物付款，于是不卖任何东西给
斯巴达人。

在那个年代，士兵主要用刀剑和矛作战，因此不管你多么勇
敢，必须使用原始的力量去赢得胜利。来库古制定了法律，斯巴
达成年男人和男孩必须参加赛跑、拳击、摔跤、掷铁环、投标枪
及弓箭射击。女孩几乎也是一样的训练项目。

弱者和畸形在
来库古眼里是没有
用的。因此婴儿必
须接受检查，那些
瘦弱的、畸形的是
不允许生存的。强
壮、无畸形的婴儿

希腊女孩正在玩球

交还到父母的手中并要求："为了斯巴达把孩子养好。"

男孩在七岁前留在家中，以后就被带走在国家的监管下接受训练。给他们的衣服也不够穿，所以都光头赤脚，晚上睡硬床，甚至睡在地上，铺点草当床垫。

为了劝说男孩们戒酒，农奴们经常故意喝醉，让他们看看喝醉酒的样子是多么愚蠢。

每个斯巴达男孩必须学习的一堂课是能忍受痛苦不退缩。另外就是在战斗中宁可战死，也不投降。当年轻的斯巴达人远离家园到战场的时候，他的母亲就会拿着他的盾牌说："带着它回来，或者战死疆场。"

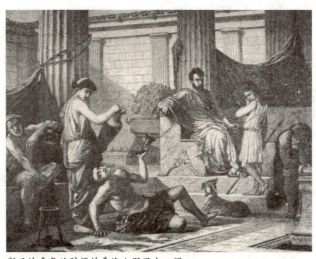

斯巴达青年从醉酒的希洛人那里上一课

　　来库古反对一切奢侈的生活。他认为奢侈是浪费金钱而且会搞垮身体消磨意志。他制定了一个法律，所有人不能在家中就餐，必须在公共食堂。那里提供最简单的食物供他们食用，如面包、奶酪、橄榄油、还有一种大概是用黑豆制成的黑肉汤。无花果和葡萄作为餐后甜点。据说，一些富人非常生气，原因是被迫在公共餐桌上吃饭，于是有人用石头砸来库古。

　　在实行这些新的律法和生活方式之后，斯巴达人发生巨大的改变。改变了以往国人懒惰的恶习变得更强壮更勇敢，以至于当有人提出要为城市建一座城墙的时候，来库古说："斯巴达人就是它的城墙。"

　　当来库古看到这些巨大的成就后，他告诉人们他将要远行。他要求在他回来之前人们不要改变律法。但他永远也没有回来。

　　当斯巴达人确认他已经死亡，就以他的名义建了一座寺庙，像神一样来供奉他。他离开斯巴达时约是公元前 825 年，而他的律法几百年间都没有改变，并使斯巴达成了希腊的军事大国。

第十二章　德拉古和梭伦

一

德拉古是最早对西方法律做出重要贡献的雅典人之一，他比基督还要早诞生 600 年。

在那个时期，雅典劳动人民非常不幸。其中一个原因就是法律没有明文规定，且法官又不公平断案。他们几乎都向他们的富人朋友有利的方向做出裁决。最后，所有雅典人都同意法律必须以书面形式写下来，而德拉古被选为起草人。

一些老的法律条文非常严苛，即使犯了很小的罪也要被处以极刑。德拉古修改了那些酷法，并制定更加温和的新法，这使人们对他产生了极大的好感。有一个关于他死亡的故事也证实了除了雅典人，其他国家的人民也认为他是一个人物。有一次，他去离雅典不远的一个岛上看戏，当观众得知剧院里来了德拉古，他们就把斗篷和帽子向他扔去以示尊敬，但是斗篷太多以至于把他压得窒息而亡。

即使法律有了明文规定以后，人们依然不是很幸福，因为德拉古没有改变那些对穷人影响很大的法律条文。就是有关债务的法律。如果一个人借了钱而无法及时归还，借钱给他的那个人就可以收走他的房子、农田甚至将他和他的妻子、孩子卖作奴隶来抵债。雅典附近的农田大多插有石柱，这就意味着石柱站着的地方是已经被抵押或者典当的。许多农民和他们的家人被卖作了奴隶。最后，可以得出这样一个结论，德拉古的法律是用血泪写成的。

二

幸运的是，有一个非常有智慧非常善良的人叫梭伦，那时也住在雅典。雅典人就邀请他制定一套新的法律体系。

当富人和穷人读了梭伦的法律后，都非常震惊。那些失去农田和家园的穷人可以被返还他们的财产。梭伦认为那么多年

梭伦在捍卫他的法律

来他们已经为债务支付了如此高的利息，
应该都可以还清了。所有那些被卖作奴隶
的人可以获得自由，而且再也没有人可以
为了抵债而被卖掉。那些并没有完全失去
一切的债务人将减免四分之一的债务。

古代的雅典人

　　所有这一切梭伦称为"甩包袱"，而
且成千上万的人觉得肩上如释重负。

　　梭伦还为人们做了另外一件好事。他
给予每个市民以投票权，所有人都能参加
市民大会，就像新英格兰的镇民大会。

　　从400人中产生一个议员，可以提案，
但提案需由人们商讨并通过。这样雅典人
真正做到了制定自己的律法。

　　除了这个，大会每年选举九个执政官，作为雅典的统治者。
首席执政官就像我们城市的市长一样，其余就像市府参事。在梭
伦的法律体系下，雅典很快成为希腊全民政府的代表，就像斯巴
达代表少数人的政府。

三

　　当梭伦看到他的律法使雅典人变得满足和幸福，他就向他们
承诺十年内不会改变法律。此后，他开始了他的长途旅行。

他访问的其中一个国家是小亚细亚岛的吕底亚。吕底亚国王克罗伊斯，被称为这个世界上最富有的人。他以他的财富而闻名，现在也经常可以听到人们说这个男人"像克罗伊斯一样富有"。

克罗伊斯对他的财富非常自得，希望梭伦会奉承他。于是他问梭伦："你知道谁是最快乐的人吗？"他预料这个雅典人一定会说："当然是您了，陛下。"

然而梭伦却回答："一个雅典的农民。他不为贫穷所困，有贤惠的妻子和听话的孩子，为他的国家战死疆场。"

"那么接下来是谁呢？"克罗伊斯问道。

"我所知的另外两个最快乐的人，"梭伦回道，"是朱诺的一个女祭司的两个儿子。她的职责就是在寺庙里提供祭品。当时，轮到她祭祀的时候拉车的公牛找不到了。于是她两个儿子套上牛车拉着她一路直到庙里。她对儿子们非常欣慰，就向朱诺祈祷赐予两个儿子得到神最大的祝福。母亲的祷告得到了回应，因为两个儿子倒在庙中，再没有醒来。他们在这世上做了应该做的，没有痛苦和悲伤，为知道他们的人所爱戴和崇拜。"

"但是，"克罗伊斯大叫，"你不觉得像我这样富有而且强大的国王是最快乐的吗？"

"哦，克罗伊斯，"梭伦接着说，"我认为没有人快乐，除非他死了。你很富有，是成千上万人的国王，你过着奢侈的生活，但是这些不代表你快乐。当我知道你的生命是不是结束得很伟大，我才能知道你是不是真正快乐。"

岁月流逝，当克罗伊斯失去他的王位与财富时，他才明白梭伦的话是多么明智。

游历十年以后，梭伦回到了雅典，此后一直为人们所尊敬，直到去世。

第十三章　独裁者庇西特拉图

一

当梭伦从游访中回来，他发现一个他的亲属，叫庇西特拉图，正试图让自己成为雅典的主人。庇西特拉图很富有，施舍了大量的金钱，想尽办法与人民套近乎。他的大花园向人们开放，就像公园一样。工人阶层男人和女人还有他们的孩子，可以在树下乘凉，在花丛中嬉戏。当穷人生病的时候，他在自己厨房里为他们做美味的食物，在炎炎夏日，为病人送去稀有奢侈的冰块。如果一个穷人死了，庇西特拉图就为他支

一个希腊家庭

付丧葬的费用。雅典的穷人们对此非常满意，因为他们相信如果一个人没有被体面地埋葬，他的灵魂将会在冥河边游荡一百年。

庇西特拉图的善行使他成为雅典人的偶像。一天，他驾着敞篷双轮马车进入市场。一群人立刻聚集到他的身边，就像看到了不起的事物一样。兴奋中，他向人们展示了他的伤口，其实是他自己划伤的，但是他假装是在大路上赶车时，被敌人袭击造成的。

"雅典的人民！"他大喊道，"看看吧，就因为我是人民的朋友，我的敌人就对我下此毒手。"所有人看到血从他的脸上流下来，当然相信他所说的一切。他们感到非常愤怒，其中一个在公民大会上建议今后由国会出钱，召集50个人，用棍棒武装，来保护庇西特拉图。

梭伦恳请人们投票反对这项建议。但是他们打定了主意，梭伦也没法劝阻他们。警卫被组织起来了，庇西特拉图为了更好地保护自己，大大超过了50个人。很快，他有了一个连队，并对他唯命是从。于是，正如梭伦担心的那样，他占据了阿克罗波利斯山。山很高，且岩石林立，是雅典的要塞。这样他就成了雅典真正的主人。

过一段时间，人们对他渐渐心生厌倦，于是他被迫离开了雅典。但是，他后来又回来了，并又一次对人们施展诡计骗取了政权。一个又高又美丽的女孩，全副武装，站在他的身边与他一起乘车进城，并声称是密涅瓦，亲自护送庇西特拉图回来。

当双轮马车进入人们的视野时，人们高兴地呼喊欢迎他们的老朋友回家。

不久，他第二次被驱逐，但是又一次夺回了他的政权。从此以后，直到他死，都牢牢掌握着这个城市的命运。

二

古希腊的所有城邦都走向了共和制，除了斯巴达。任何一个城邦如果有人拥有国王的权力，他就会被称为独裁者。这样，庇西特拉图就是雅典的独裁者，然而他不像我们想象的独裁者那样，一点也不残暴。但是，他很严格。在他掌控雅典时，到处都是懒汉，在市场里整天懒洋洋地躺着。庇西特拉图就让这种人去参加道路或者公共建筑建设。

雅典没有公立学校和图书馆，不过，庇西特拉图尽最大努力给人们阅读和教育的机会。在那个年代书不是印刷的，是手写的，因此书价昂贵少有人买得起。庇西特拉图有很多藏书，他邀请所有人，不管穷富，都可以来他的图书馆阅读。

他还做了一件让雅典人非常感激的事情。在他之前的两百多年间荷马史诗就在希腊广为传诵。游方诗人经常在宴会厅的宾客前或在公众集会上吟唱。每个人都喜欢这些诗歌，很多人对其中一些已经耳熟能详了。庇西特拉图聘请博学的人帮他把这些诗写下来，按序整理成章。关于特洛伊战争史诗系统地整理成史诗《伊利亚特》。而那些关于尤里西斯流浪生活的则组成了史诗《奥德赛》。

可以说雅典没有比庇西特拉图更明智更好的统治者了。他于公元前527年逝世。

阅读荷马的著作

第十四章　马拉松英雄米太亚得

一

庇西特拉图死后，他的两个儿子，希皮亚斯和希帕克斯统治了雅典。他们治理得很好，直到希帕克斯被敌人杀害。然后希皮亚斯变得非常残暴，以至于雅典人联合起来将他驱逐出了城市。

从雅典被驱逐后的一段时间，希皮亚斯乘船到了亚细亚，乞求波斯王大流士帮他复国。当时波斯是世界上最强大的国家。波斯王大流士被称为"伟大的王"或者"万邦之王"，好像地球上没有别的国王。他打算用自己的方式消灭其他诸王。于是决定不仅要帮希皮亚斯，而且要使自己成为全希腊的统治者。因此波斯信使被派往希腊各个城邦要求献出土地和水域作为贡品。如果希腊人屈服于他的要求，就等于说希腊的所有土地和水域都是波斯的了。一些城邦服从了，其余的则傲慢地拒绝了。雅典人还把信使扔到了死刑犯抛尸的地方。斯巴达人则把信使扔进了井里并告诉他："那里可以找到你主人要的土地和水域。"

雅典战士

大流士一听到这个消息，就对他们宣战了。不久，他的舰队带着15万人向希腊进发。波斯人登上希腊的沿海，并在离雅典22公里远的马拉松平原安营扎寨。

同时雅典人也没闲着。他们召集了1万人的军队，整个军队由十个将军领导，每人每天轮流做总司令。小城普拉塔亚未经邀请，派来了1000名志愿者。

最有能力的希腊将军当属米太亚得。轮到他当总司令的那天，他主张立刻向敌人进攻。公元前490年，8月12日，他让希腊军队排成作战队形，穿过整个平原。然后向波斯军队冲去，突破了他们的阵型，把他们打得乱七八糟，还把他们赶回了船上。

胜利的消息由一位士兵带回雅典，虽然他受伤了，但还是从战场跑了22公里到达城市。刚到集市，他就冲进聚集在那里的市民人群，高声喊道："好消息！好消息！我们胜利了。"然后倒地而亡。

这个消息振奋了所有忠实的雅典人民，但那些叛徒并不想听到这些，他们希望听到波斯胜利的消息。那些叛徒来到雅典的一座山上，用一面抛光的盾牌向希腊舰队发送信号，要他们在米太亚得从马拉松回来前驶向雅典然后占领城市。

希腊战车

幸运的是，信号被军营中的希腊人看到了。米太亚得猜到它的意思并立刻回兵雅典。这样当波斯人行船到来的时候，发现如果他们登陆，就必须再次面对米太亚得的军队。他们不想那样做，于是返航穿过爱琴海回到了"伟大的王"自己的领地。

马拉松战役显示了希腊军队不输于世界上任何一支军队。他们打垮了人数相当于他们15倍的波斯军队，自己只损失了192人。

希腊人觉得胜利的取得是由于神和神一般的英雄忒修斯的相助，传说中忒修斯在战斗最激烈的时候给波斯军队造成可怕的巨大打击。

二

米太亚得赢得了巨大的声望。荣誉也接踵而来，他的要求也会尽量得到满足。想到凭借功劳可以从雅典得到更多，他要求统领一支70只船的舰队，并被允许用它可以做他想做的任何事。

准备战斗

舰队授予他以后，他带着它向帕罗斯岛进发。帕罗斯岛上的人由于在上次的战役中帮助过波斯人，米太亚得想要惩罚他们，同时他也想向他的私敌复仇。但这次远征却完全失败了，帕罗斯岛没有被攻克，米太亚得被迫放弃了围攻回到雅典。

更糟的是，在帕罗斯，在他翻越栅栏时大腿被严重划伤了，所以不但无功而返又受了伤。回来后，他被指控欺骗人民和浪费公款。

当他接受审判时，虚弱得已经不能站立或坐下了，只能躺在长椅上被人抬到法官面前。法庭的宣判对他不利，他被罚以重金，但他已经没有能力支付了。不久，他就去世了。

米太亚得死后，雅典人对他的苛刻感到非常歉意。为了纪念马拉松战役中他的英雄事迹，他们用最高的荣誉把他葬在平原上，就是那个取得伟大胜利的地方。

第十五章　勇守"温泉关"的列奥尼达斯

一

列奥尼达斯是其中一个斯巴达王的儿子。当他还是个孩子的时候，就在竞技场接受训练，而且在多项运动中有出色表现。成年后在斯巴达军中参加战斗。他父亲死后，他的同父异母的兄弟继承了王位。11年后，他率领希腊军队抵抗再次威胁希腊的波斯人。波斯人的第二次入侵是这样的：

马拉松战役的失败，使大流士更加下定决心要征服希腊。但四年后，在他做准备工作时死了。于是他的儿子薛西斯一世登上了王位。

不久，薛西斯一世决定实现他父亲的计划，花四年时间征集军队、马匹和船只。他的陆军和舰队听说是当时世界上最大的。

陆军在一个小亚细亚城市萨迪斯会合，并向赫勒斯滂海岸行进，从前文可以得知那是一条狭窄的连接欧亚的海峡。薛西斯一世命令工匠们搭了两座穿越海峡的船桥作为陆军通道。

桥搭成了，但是不够结实，一个风暴就把它们毁了。搭桥的失败使国王非常生气，据说他鞭打了海峡三百鞭子，并扔了一条锁链进去，告诉海水他是它的主人。

两座比先前更坚固的新桥建好了，然后，薛西斯一世通过它们行军到赫勒斯滂的欧洲一侧的海岸。他的1200艘战船和300艘小型船在此等候多时了。在一座可以俯瞰海峡的高山上，一个大理石宝座已经建好了，薛西斯一世坐上它可以看到他的陆军在岸边集结，他的舰队在海峡中航行。经过七天七夜，军队终于全部通过船桥。

通过以后，陆军向南进发，直到一座海拔高而且几乎无法穿越的山脉下。山脉和海之间的路是如此狭窄，只能通过一辆四轮马车。旁边有一些硫磺温泉，因此希腊人称这条狭窄的小路为德摩比勒，意为"温泉关"。我们也经常称它为"德摩比勒隘口"。

二

波斯人妄图进军通过关口，但他们被斯巴达王列奥尼达斯领导的斯巴达人挡住了。他的军队只有4000人，其中300个是斯巴达人，其余来自各个城邦。

希腊人守住了这个狭窄的关口。为了对付他们，薛西斯一世派了一队又一队的人马，但是所有人马不是被打败就是被击退。打了两天，波斯人损失惨重，而希腊几乎没有损失一人。

最终，眼看着无法攻克希腊人的时候，一个叛徒给一队波斯人指了一条绕到山后的小路。这条路守卫薄弱，由一个来自希腊的北方小城的军队把守。波斯人轻松就拿下了，然后绕到列奥尼达斯身后。

列奥尼达斯识破了他们的计策，及时撤离。他让部分军队先行撤退，但自己带着300名斯巴达勇士和700个铁斯匹亚人，来自一个离雅典不远的小镇，不肯撤退。希腊军队认为把守关口对他们非常重要，即使死了也不能放弃职责。当有人说波斯军队的箭会像雨一样落下来，甚至可以遮住阳光，一个斯巴达人回答：

攻占雅典卫城

"如此更好，我们可以在阴凉中战斗。"

列奥尼达斯现在被两支波斯军队夹击，各自占着关口的两端。为了不被动挨打，他率领手下冲向波斯人。希腊人舍命战斗，但他们面对如此众多的人，根本就没有机会。除了一个人，其余全部被杀。

此后，人们竖起了一座纪念碑纪念他们。上面刻着简单的碑文："外来人，请告诉斯巴达人民我们遵守他们的命令直到战死。"

战后，薛西斯一世向雅典进军。他发现雅典已经空了。所有雅典人都逃走了，除了一小队人守着阿克罗波利斯山。他们向进攻的波斯人投掷山石，阻挡了他们很长一段时间。但是最后波斯人找到了一个没有守卫驻守的地方，因为山崖很陡峭没办法爬上去。他们从这里爬上后冲向那些勇敢的希腊卫士。

战斗很快结束了。一些雅典人从石坡上头朝下跳了下来，其余的被杀死，城市落到了波斯人手里。波斯人在城中烧杀抢掠，洗劫一空。甚至那棵因雅典娜的神力而萌发的神圣橄榄树，也被烧成了灰。

第十六章　地米斯托克利

一

　　这个时期雅典的领导人是一个伟大的政治家和战士，名为地米斯托克利。几年前，当薛西斯一世征集军队启图入侵希腊的消息传来，雅典人就派信使前往特尔斐去求神谕来告诉他们应该怎么做。特尔斐在帕尔纳索斯山的一侧，上面立有一座阿波罗的神庙。它是在石缝上建起来的，你是否记得，就是很久以前丢卡利翁和皮拉在洪水退去后从山上下来后发现的。

三脚凳上的皮提亚

在神庙内室，也就是石缝的正上方，有一根三条腿的凳子叫作三脚凳。当有人想问神谕时，女祭司皮提亚会坐上三脚凳。几分钟后，她会闭上眼睛然后开始说话。她说的话被记下来，而且希腊人相信这些话就是阿波罗的神谕。

她对雅典信使的答复是：

"刻克洛普斯之地的所有东西都将被带走。朱庇特赐予密涅瓦的木墙要留下，不要毁坏，它会保护你和你的孩子。不要站在那里等待亚细亚军队的进攻，而是要撤退。你们要活着将来再战。再者你，哦，神圣的萨拉米斯，应该摧毁女人们的孩子。"这个答复到底是什么意思？雅典人因此非常困惑。

地米斯托克利解释说木墙应该是战船，神也会拯救你们，如果敌人来的时候，人们乘战船离开城市。他建议雅典人造更多的战船。人们最终相信了他。雅典的富人给他钱，同时人们赞成，在每年从银矿里挖来的银子中属于城市的那部分用于支付建造战船的费用。就这样，在薛西斯一世开始进军时，雅典有了一支200艘战船的舰队。这些船是巨大的划艇，每条船至少150条桨。每条船的桅杆上都挂着一块巨大的帆布，可以升起帮助桨手。

德摩比勒被攻占了以后，给了波斯人一条通往雅典的通道。于是城中的妇女儿童和老得不能战斗的人已经通过商船被送到了安全地带。少数人留守在雅典，保护城堡，就是上一章中讲到的卫城。其余众人与地米斯托克利乘船出发，在"木墙"后面战斗。

二

　　地米斯托克利和希腊其他城邦的舰队指挥官们驱船进入狭窄的萨拉米斯海峡，它位于萨拉米斯岛和阿提卡海岸之间。此处波斯人追了过来。地米斯托克利此时希望希腊人与波斯人开战，但斯巴达司令官和其他希腊领导人却不愿在这么狭窄的海峡冒险一战。他们建议先撤退。然而地米斯托克利下定决心这一仗必须在海峡里打。于是他秘密带信给薛西斯一世，说希腊舰队将要逃跑建议他在前面截住他们。薛西斯一世得到消息非常高兴，到了晚间，他派一支舰队沿阿提卡沿岸到达海峡另一端，以便把希腊舰队包围在两支波斯船队之间。第二天一早，希腊所有司令官看到没有地方可退，只有一战了，于是船队排成作战队形准备作战。

　　薛西斯一世的宝座设置在阿提卡海岸边上的一个很高的悬崖上，如此居高临下作战情况尽收眼底。当太阳升起时他就坐在宝座上，裹着王袍，王子们则围在他身边。他的下方是 1000 艘波斯战船，而靠近岛边有 378 艘希腊战舰，看上去波斯人稳操胜券。希腊人从萨拉米斯岛出发，高喊军号："我们全力一战。"波斯人也喊出了作战口号，接着战斗开始了。刚开始波斯人占了上风，但是他们的战船一艘连着一艘，前面的船不能向后，后面的船不能向前。情况变得混乱不堪，船接二连三地下沉，还有一些被希腊人撞坏，另外的被自己的同盟撞到。波斯人总共有 200 艘战船被毁，还有很多被攻占，而希腊人只损失了 40 艘。

　　当薛西斯一世看到他的千艘战船沉的沉、降的降、跑的跑，只好决定先退回波斯。

　　他马上回到希腊北部，在那里他留下 30 万人，由他的姐夫马铎尼斯统领。其余军队跟他回到赫勒斯滂。

　　到了这里，他发现风暴已经毁了他的桥，没办法只有用船载着军队穿过海峡到达小亚细亚半岛。

薛西斯一世观看萨拉米斯战役

三

所有希腊人此时都承认地米斯托克利对神谕——"木墙"将拯救人民的解释是对的。而神谕中提到的在萨拉米斯消灭女人的儿子，主要是波斯人的儿子，而不是希腊女人。

萨拉米斯战役给地米斯托克利带来了新的荣誉。然而，几年后他变得不得人心，还被驱逐出了雅典。他留在了阿尔戈斯。那时斯巴达人是他的仇敌，控诉他对希腊犯了叛国罪。他担心在雅典会受到不公平的审判，于是逃到了波斯。

波斯王给了他三座城池来支持他，他住在其中一座，直到公元前 453 年去世。

萨拉米斯的胜利者

第十七章　正义的化身亚里斯泰迪斯

一

亚里斯泰迪斯是地米斯托克利的政敌。地米斯托克利智慧勇敢，但自私贪财。亚里斯泰迪斯同样智慧勇敢，但他非常光荣地被雅典人民称为"正义化身"。

有一次，他作为法官，审判案件。其中一个人说亚里斯泰迪斯不公平，而另一个偷偷地向亚里斯泰迪斯告密。"我的朋友，"亚里斯泰迪斯说，"告诉我那个男人对你做错了什么，而不是他对我做错了什么。这不能成为我判案的依据，我的依据是你们俩的行为。"

亚里斯泰迪斯对很多地米斯托克利想要实施的计划提出反对意

亚里斯泰迪斯

见，这样一来，地米斯托克利最终决定将他放逐。

在雅典，有一个奇怪的方式来剥夺某人的市民资格。每年都有这样一个问题摆在人们面前："为了国家的安全，需不需要驱逐某个人？"如果决定需要，人们就被召集起来投票。之前没有提名，但每个市民在一个小的陶瓷片上写下他认为对国家有危险的人的名字。陶瓷片收集起来进行计数，如果写在陶瓷片上某个名字达到6000，他就需要离开这个城市十年。这种放逐人的方法，叫作"陶片放逐法（ostracism）"。至今我们仍旧在使用这个词汇。它来自希腊语，意为陶片。

地米斯托克利和他的朋友使很多雅典人相信亚里斯泰迪斯是一个危险的市民。这样，当市民大会召开的时候，人们被问到他们是否想到了哪个人必须被放逐。没有人提到亚里斯泰迪斯的名字，但地米斯托克利的朋友说道："我们投票决定吧。"当投票正在进行，一个连自己名字也不会写的农民来到亚里斯泰迪斯跟前对他说："朋友，你能帮我在陶片上

亚里斯泰迪斯和一个乡下人

写下亚里斯泰迪斯的名字吗？""亚里斯泰迪斯曾经对不起你吗？"亚里斯泰迪斯温和地问道。"不，"农民回答，"我从来没见过他，但我听烦了人们说他是正义的化身。"

亚里斯泰迪斯不再说什么了，不过还是在陶片上写下了他的名字。

投给亚里斯泰迪斯的票达到了驱逐的票数。当他离开雅典时，他祈求众神，让与他相伴的市民为他们的所作所为感到愧疚的那一天不会到来。但是，那一天还是来了。三年后，当雅典人受到波斯人的威胁，市民们应地米斯托克利自己的要求，重新要求亚里斯泰迪斯回来。他从放逐之地乘船来到萨拉米斯湾，在这场著名的战役打响之前的几个小时，登上了地米斯托克利的战船。地米斯托克利立刻任命他为其中一艘战船的指挥官，在战斗中他表现得非常出色。

二

在萨拉米斯战后的那个春天，波斯在塞萨利的司令官马铎尼斯，想诱惑雅典人成为"万邦之王"的同盟，但他们鄙视地拒绝了他的好处。接着他进军雅典，但人们弃城而逃，于是城池就落入他的手中。

不过，希腊人征集了一支11万人的军队。列奥尼达斯的侄子普萨尼亚斯，也是德摩比勒战役的英雄成了军队的总司令。同时，亚里斯泰迪斯指挥雅典军队。马铎尼斯只好从雅典撤退，所经之处被破坏焚烧殆尽。希腊人追了上去，在普拉提亚城附近追上了他，并打败了他。这次战役是世界战争史上一次决定性的胜利。马铎尼斯也在战斗中被杀。

大概用了十天时间来分发战利品和埋葬尸体。十分之一的战利品被送到特尔斐，进贡给阿波罗，因为他的神谕给人们的承诺"木墙可以拯救城市"实现了萨拉米斯的伟大胜利。密涅瓦的神庙也建了起来，其他众神也得到了供奉。"自由运动会"也召开了，四年一次，在战地举行。而且每年那些战死将士的坟上都用鲜花装饰一新。普拉提亚城所在的地方被清理干净成为神圣之地，城市的居民从此不会再受到希腊其他城邦的攻击。

普拉提亚战役胜利的那天下午，希腊舰队在小亚细亚沿岸的米克利对波斯人取得巨大的胜利。在马拉松战役、普拉提亚战役、米克利战役失利以后，波斯人再也不试图征服希腊了。

三

普拉提亚战役一胜利就把希腊人从波斯军队的蹂躏中解放出来了。雅典人也成群返回被破坏的城市中，开始了重建工作。亚里斯泰迪斯和地米斯托克利也携手共事，完成目标。

阿克罗波利斯山上神圣的橄榄树被发现已经烧成灰了，但是没有死。从它的根上冒出一枝强壮的新芽。这被市民们看作一个好的兆头，由此，城市的重建工作进行得非常迅速。一个叫比雷埃夫斯的重要海港加强了工事，城市的周围也建了一道城墙。

这些和其他的公共建设工程需要大量的金钱开支，由此也需要一个所有市民都信任的人管理募集资金。亚里斯泰迪斯被选中，大量的款项搁到他的手里。他把这些公共财产只用到对人民有好处的地方，从不中饱私囊。

他去世的时候，大约在公元前 468 年，整个国家为他哀悼并举行了国葬。

第十八章　客蒙

一

你是不是记得，当薛西斯一世准备入侵希腊时，地米斯托克利试图让雅典人建造船只，放弃城池，并深信"木墙"就是舰队？

一天，人们对他们正在做的事仍然将信将疑，一个高大英俊的年轻男子，手握缰绳，焦急地穿过街道奔向阿克罗波利斯山。他进入密涅瓦的神庙，将他的缰绳作为女神的供品挂了起来，并把墙上的盾牌取了下来。他向女神祈祷，然后带着神盾穿过雅典街道奔向比雷埃夫斯。

这个年轻人叫作客蒙。他是著名的统帅米太亚得的儿子，从属于雅典骑士，习惯在马上作战。由于他将缰绳挂在了神庙，意思

客蒙

就是说雅典现在不需要骑兵，而需要地米斯托克利提倡的海军。

人们喜欢客蒙是因为他有趣的方式，当他们看到他认可地米斯托克利建议的时候，很多不喜欢这个建议的人改变了想法。

客蒙自己乘着雅典战舰在萨拉米斯战役中勇敢地作战。他积极上进，在波斯人被驱赶出希腊不久后，就被选为海军元帅。

那时还有很多海盗住在爱琴海的斯库罗斯岛。他们抢夺在地中海进行贸易的商船。客蒙占领了他们的驻岛，从此使商人在爱琴海再无后顾之忧。

这个岛其实就是特洛伊战争爆发时，忒提丝试图隐藏阿喀琉斯的地方。岛上有个地方是伟大的雅典英雄忒修斯的葬身之处。客蒙寻找他的墓地并找到了它。他把遗骨从坟墓里挖了出来，带回了雅典。

古希腊的一座花园

　　他到达雅典后，告诉人们他带回了忒修斯的遗骨，整个城市沸腾了。各种庆祝活动和戏剧表演开场了。著名诗人埃斯库罗斯和索福克勒斯为此写了戏剧来记录这个场景。

　　客蒙从海盗那里得到很多战利品，从此变得非常富有。他也非常慷慨。他美丽的花园向公众开放，允许人们进入他的果园采摘果实。雅典人说："他得到了财富也能施舍财富，而施舍财富可以收获荣誉。"他统治下的市民几乎到了崇拜他的地步。

二

　　经过几年的战乱以后，雅典的同盟厌倦了战争。于是，客蒙同意让他们提供船和经费，而他从雅典人当中雇佣海员与水兵，如此一来，虽说舰队名义上是希腊的，实际上是雅典的。他操练他的士兵使他们精于海战，并带着他们一次次远征。这样，他们成了希腊最好的水兵。

　　有一次，客蒙得知有一支波斯舰队离开了小亚细亚海岸，立即集合了200艘战船做好准备，出发迎击波斯人。对方拥有两倍波斯数量的船只，但希腊人击毁了大量的波斯船，而且俘获了200艘船只。

　　然后，客蒙率众登陆与波斯陆军在陆地上展开了激战。他完全打败了波斯军队，而且一天内取得了两次胜利。与此同时，他得知另一支波斯舰队离此不远，马上调头前往现场，所有船只和

客蒙的慷慨

水兵或被摧毁或被俘获，客蒙取得了大胜。

这种情况下，波斯王非常乐意接受和解。双方同意任何军队不能接近爱琴海 50 公里以内，也就是战马一天的行程，而且任何战船不得驶近希腊。

希腊远征得到的战利品数量巨大，卖了很多钱。雅典人拿了一部分用来支付建设大城墙，也可称"长墙"。这些城墙把雅典城与它的港口和要塞连了起来。客蒙还拿出自己的那份战利品来支付这个工程的经费。

这样看来很奇怪，客蒙取得如此大的胜利，雅典人应该不会反对他了吧。但事实上他们这样做了，理由如下：

斯巴达发生了一次可怕的地震。整个城市都被摧毁了，震后只剩下了五间房立在那里。一个巨大的建筑倒塌了，压到了正在训练的男人和男孩，导致了他们死亡。

当一切都处于混乱状态，每个人都充满惊恐的时候，农奴们从田里聚集到一起，启图杀死他们的主人。幸运的是，其中一个国王及时听到了农奴自行武装的消息。他立刻用军号发出警报，于是斯巴达人抓起盾牌和长矛集中到一起。当农奴到达城市时，看到市民们做好了抵抗的准备，他们只好先撤回了农村。

但他们拥有人数众多并且强大的军队，还说服了斯巴达的几个邻国也加入他们。接着他们又攻占了斯巴达附近的一处要塞。

如此，斯巴达陷入了可怕的困境。许多房屋被毁，农奴起义，加上邻国也帮助农奴趁火打劫。

危难中，斯巴达人向雅典人求援。伟大的讽刺喜剧诗人阿里斯托芬说："向我们讨救兵的斯巴达人的白脸与红色的长袍真是鲜明的反差啊。"

一些雅典人建议不派一兵一卒，因为两个城邦是死对头。不过客蒙劝说他的国民派遣一支大军过去。他说："雅典和斯巴达是希腊的两条腿，不要让希腊成为残疾，也不要让雅典失去同伴。"

于是，雅典士兵在客蒙的带领下出发与斯巴达共同作战。但农奴和他们的同盟太强大了，要塞没有被攻克。于是斯巴达人怀疑雅典人没有尽全力并要求更多的雅典人来帮助他们。

这个举动使雅典人非常气愤，他们不仅对斯巴达人而且对客蒙也感到愤怒。他们声称斯巴达的任何朋友都是雅典的敌人，就这样他们驱逐了客蒙。

三

斯巴达人击退农奴以后，他们派出一支军队攻打雅典。战斗在离城市不远的地方进行，而且斯巴达人取得了胜利。

这时，雅典就需要一个可击退斯巴达或者可以与之和解的人。因此，客蒙被从流放之地重新召回。他回来不久，就和斯巴达人签订了停战协议，结束长达几年的战争。

客蒙认为希腊保持和平的最好的方式就是与波斯人战斗。于是他装备一支舰队，从雅典出发攻打"万邦之王"的部分领土。

他实际上是想推翻整个波斯帝国。在进攻之前，他派朋友求得朱庇特的指示。神拒绝回答这个问题并给出了一个理由："因为客蒙准备与我在一起了。"信使想知道这是什么寓意，但当他们回到希腊舰队时，发现客蒙已经死了。

一些人说，他死于疾病，还有一些人认为他死于攻打城市时受到的创伤。

在他死之前，他命令官员们对士兵隐瞒他的死讯，然后带着他的尸骨回到雅典。他们遵照了他的遗愿。

第十九章　伯里克利

一

客蒙有个政敌叫伯里克利，是雅典史上最能干的领导人。他拥有独裁者的权力，但是他只用来为人民谋幸福。

他有许多优秀的法律制度被采用。其中一项就是，当有人受到犯罪指控时，需要经过一定数量的市民来共同审判。这有点像今天的陪审团审判制度，它给雅典人在审判中拥有像今天的美国人一样的权力。另一项由伯里克利提出的法律制度是公民在雅典的陆军或海军中服役的，应该给予津贴。还有

一座复原的希腊剧院

一项法律就是穷人如果想去戏院看戏，他可以从城市的公共财政处拿钱购买戏票。

你一定记得地米斯托克利和亚里斯泰迪斯在波斯人烧毁雅典城后，开始重建和美化雅典。这项工作后来由伯里克利继续执行。据说他把城市从砖头城变成了大理石城。

在他的指挥下，汉白玉的帕特农神庙，也叫密涅瓦神庙，在阿克罗波利斯山上矗立了起来。那是当时世界上最美丽的建筑。

它的前面站立着一座密涅瓦的青铜像，那是如此之大，以至于远在海上也能看见。里面还有一座是女神的美丽雕像，大约 30 英尺高，由黄金和象牙制成。

帕台农神庙内部

伯里克利不但使雅典变得强大而且美丽，还完成了由客蒙启动的长墙建设。这些城墙从城市边沿建起一直延伸到港口，大约长达四公里。两座城墙之间有一条道路，通过它可以及时将战略物资安全地从港口运到城市。

斯巴达并不愿意听到它的对手建设防御工事。如果让斯巴达人选择，雅典可以变美，但它不能变强。斯巴达人寻找机会挑起与雅典的战争，很快机会来了。位于希腊西海岸的科孚岛上的克基拉人与科林斯人打了起来，雅典人帮助克基拉人，而斯巴达则支持科林斯人。

这是斯巴达与雅典竞赛的开始，使希腊荒废了 24 年（公元前 431 年—公元前 404 年）。历史上称之为伯罗奔尼撒战争，因为大多数伯罗奔尼撒半岛上的国家参与进来成为斯巴达的联盟。雅典也有自己的同盟。

雅典对战争做了充分准备。它拥有庞大的国库财政储备，强大的舰队及大约 3 万名可以作战的士兵。

斯巴达带领 6 万人的军队进入阿提卡攻打雅典。伯里克利督促农民离开他们的农田和家园来到城市中。他们听从了建议，雅典的空地上到处都是临时营地和帐篷。伯里克利认为雅典有“长墙”保护，可以抵御任何围攻。

这方面他是对的，斯巴达人也束手无策，但是很快雅典人就受到了比斯巴达人更厉害的敌人的袭击，那就是“瘟疫”。如此多的人在城中挤在一起，根本没办法保证卫生和健康。人们开始生病，然后几十个几十个地死去，再然后是几百个。斯巴达人害怕瘟疫传染给他们，通过科林斯地峡退回到伯罗奔尼撒半岛。

雅典人处于绝望的境地时，伯里克利表现得非常高尚。瘟疫带走了他的大儿子、妹妹和他许多亲密的朋友。但他仍然走到人们中间，抚慰和鼓舞他们，而且全心全意地参与到政府事务中来。

直到当他把花圈放在他最喜爱的儿子毫无生气的尸体上时，他崩溃了，哽咽着，泪水如洪水般涌出。

在斯巴达军队威胁雅典城时、瘟疫到来时，许多雅典人责怪伯里克利。但当他处于悲痛之中时，所有雅典人给了他最大的尊敬和同情。

在他儿子死后不久，他自己也被致命的疾病击倒了。躺在床上临死之际，他床边有一个人讲起了他为雅典人所做的好事。

"在我生命中，你所赞美的，"他说，"其实是命运的安排。我不值得受到这样的荣誉。我最自豪的事是没有雅典人为我所做的一切而穿上丧服。"

伯罗奔尼撒战争的第三年，他去世了。那是对雅典人的痛苦打击，因为他是他们最伟大的政治家。

二

伯里克利有一个朋友菲迪亚斯，就是那个在帕特农神庙前铸造密涅瓦青铜像的雕塑家。庙中由黄金和象牙制成的女神雕像也是他雕刻的。

他的声名传遍了希腊，于是被邀请去装修在奥林匹亚的朱庇特神庙。在这座神庙里，他完成了他的大师之作。它再现了朱庇特坐在宝座上的情景。这座雕像是如此完美，被认为是世界的一大奇迹。

伯里克利拜访菲迪亚斯的工作室

　　菲迪亚斯失踪了几年后，又回到雅典，他被伯里克利的政敌迫害，原因是他是这个伟大的政治家的朋友。他被控诉偷了部分由城市提供的制作密涅瓦雕像的黄金。幸运的是，当菲迪亚斯在制作雕像的时候，伯里克利建议他用黄金的时候可以做到随时拆卸并称重。这时黄金被取下称重，发现原来应该有多少黄金现在仍然有多少。

　　然后，菲迪亚斯又被控告侮辱女神密涅瓦，因为他雕刻的神盾上其中一个人像他自己还有一个像伯里克利。在这项指控下，他被投入监狱等待审判。

　　然而，在审判日来临之前，伟大的雕塑家就因病死在了狱中。

三

　　在伯里克利的统治下，雅典取得史上最大的荣耀，而他治理雅典事务的 28 年在史上被誉为"伯里克利的黄金时代"。在雅典没有哪个时代拥有如此多的画家、雕刻家、作家和哲学家。

　　一个著名历史学家希罗多德就生活在伯里克利时代。他被称为"历史之父"。

　　在那个时代还有另外一个著名历史学家修昔底德，他写了一部《伯罗奔尼撒战争史》。

伯里克利的黄金时代

第二十章　亚西比德

一

在伯里克利时代，一个名叫亚西比德的年轻人在雅典引起了极大的注意。他是伯里克利的亲戚，又帅又有钱。但除了他的财富和外貌，还有一项使雅典人认为他是一个了不起的人。他三次赢得了奥林匹克运动会的双轮马车赛的桂冠。

奥林匹克跑步比赛

　　这些运动项目据说是赫拉克勒斯创立的。它们由拳击、摔跤、赛跑、投标枪和赛马组成，每四年举行一次，地点在斯巴达西北部的希腊小城埃利斯的奥林匹亚峡谷。他们是如此重要，所以希腊人将第一次奥林匹克运动会书面记录下来，然后推算时间，就像我们现在推算基督出世的时间一样。运动会第一次举行在公元前 776 年。四年一次的庆祝大会称为奥林匹克世界运动大会。

　　第一届奥林匹克运动会只有希腊参加，没有别的国家，而且当竞赛举行时，成千上万的希腊人从希腊的各个地方赶来观看助威。在任何一项竞赛中赢得奖品是一个希腊人希望得到的最大荣耀。胜利者的名字和他的出生地由传令官大声宣读，并在无数人面前戴上由橄榄树折成的花冠，据说那是用金刀从赫拉克勒斯种的花园中割下来做成的。

古希腊的夜晚聚会

亚西比德在奥林匹克运动会上取得的胜利使他成为雅典人的偶像。雅典的年轻人如此崇拜他以至于穿戴得像他一样，连他口齿不清的说话也要模仿。事实上，他已经成了雅典富家子弟的领头人。

不幸的是，他有很多非常糟糕的缺点。他轻浮不学无术，最要命的是，他不诚实。

伟大的哲学家苏格拉底对他非常感兴趣，当他跟苏格拉底谈话的时候，讲得总是很好至少希望会表现得更好。不过，第二天，他又领着他的同伴一起做各种坏事了。虽然说他的缺点很多，但他仍然是一个有才华的天才，甚至一些认真的人也崇拜他并且听取他的建议。

在伯罗奔尼撒战争期间，他劝说雅典人对西西里岛发动远征。他提醒人们岛上最重要的城市锡拉库扎是斯巴达的盟友，也是雅典的敌人。这是他给出的发动远征的其中一个理由。另一个是如果雅典把这个肥沃的岛屿占为己有，对雅典来说是一个巨大的好处。

一个名叫尼西亚斯的雅典老将反对远征，但亚西比德还是得逞了。战船和水手都已经准备好了，由三位司令官统率，分别是尼西亚斯、亚西比德和一个叫拉马科斯的人。

一天早晨，在战船即将起航之前，人们发现一场令人震惊的毁神活动发生了。在雅典的街道、乡村的路上和家门前到处都是墨丘利塑像的碎片，那是出行者的保护神。耳朵、鼻子都是在夜里被人从塑像上凿下来的。雅典人非常迷信，这场毁神事件使他们充满了恐惧。所有人都害怕墨丘利为了惩罚他们而不会再保护走在街上和路上的人们了。

许多人认为那是亚西比德为了好玩将塑像凿下来的。舰队到达西西里岛不久后，他就收到命令要他马上回雅典应诉。当然，他不得不放弃他的指挥权。

他回来后，灾难接二连三地降临到远征军头上。舰队进入了锡拉库扎港。接着锡拉库扎港就封住了入口，这样雅典船只就出不去了。在战斗中，尼西亚斯率领的船只半数被击毁。尼西亚斯带领残部向岸边靠拢，想通过陆路逃走，但全部被迫投降。老将军被杀害了，而他手下的人除了战死和饿死的，都被卖身为奴了。舰队中没有一只船回到了雅典。

二

亚西比德担心他不能洗清自己的罪责，或者不能得到雅典法庭公平的审判。于是，他假装会遵守命令返回雅典，但实际上他却逃难斯巴达。当雅典人听到这个消息后，他们通过了对他的死刑判决。

在斯巴达，他受到了热烈欢迎，他用他的取悦方式使所有人都喜欢他。不过，斯巴达人很快对他生了疑心并下令以叛国罪将他处死。他最后逃走去了波斯。在这里，就像在雅典和斯巴达，他又一次让人们喜欢上了他。但是不久，跟他已经成为最好朋友的波斯统治者，发现他不忠之后把他投入了监狱。他逃跑到了赫勒斯湾的某个地方，在那里加入了雅典舰队。他向指挥官们提了一些建议帮助他们战胜了斯巴达舰队和波斯陆军。斯巴达的海军将领被杀。他的继任者写信给斯巴达："我们的荣誉没有了，食物也没有了，我们不知道该怎么做。"

亚西比德此时想冒险回到雅典。由于他给雅典的海军司令官提出的建议帮他们取得了对抗斯巴达舰队的胜利，雅典人后悔将他判处死刑。所以，当他带着 20 只船的小舰队回到比雷埃夫斯，他被允许登陆回到雅典。时间不长，他说服雅典人给了他舰队的指挥权。接着他出海穿过爱琴海再次与波斯人和斯巴达人进行交锋。

不巧的是，他要离开舰队一小段时间。在他离开的时候，他的副手愚蠢地开战了。雅典人被打败了，许多战船也被斯巴达人俘获。

带着剩下的舰队，亚西比德做了一件令人捉摸不透的事，他攻打了雅典友邦的一座城池，并试图让当地的一些居民成为奴隶。由此雅典受到了各种埋怨，于是雅典人立刻解除了亚西比德舰队的指挥权。

在此之后，他又在小亚细亚生活了几年，那里有他的一座城堡。一天夜里，他的城堡被武装人员包围，并放火烧了它。他从火中逃了出来，想要逃跑，但被他的敌人杀死（公元前 404 年）。

第二十一章　赖山德

伯罗奔尼撒战争的最后一年，斯巴达舰队的海军元帅是一个叫赖山德的人。他很勇敢，但也很狡猾，经常给敌人设置陷阱来获得胜利。据说他曾经对他的军官们说："当狮皮不够长的时候你就用狐狸皮补上。"这就是用另一种方式告诉他们，如果不能取胜就要用诡计。

亚西比德被解除雅典舰队指挥权之后，另一个叫卡农的人接任了司令官。赖山德决定给他下个套。两支舰队看着对方从赫勒斯湾的沿岸出发，到了一个叫阿依勾斯波塔莫斯的地方，意为山羊之河。一天早晨，天刚亮的时候，赖山德把他的战船排成作战队形好像要进行战斗的样子。同一天晚些时候雅典人把船驶向斯巴达人并向他们挑战，但没有一艘斯巴达船动一下。雅典人由此推断斯巴达人没有准备好战斗或者害怕了。

第二天，雅典人又一次进行挑战，而斯巴达人又没有做出反应。第三天、第四天都一样。这时，雅典人确定赖山德怕了他们。因此，许多人走上了岸，一些人寻找生活物资，一些人开始闲逛，

雅典的市场

还有一些人开始睡觉。只有一小队人留下看守舰队。

赖山德一看到雅典人的船没有防备，他快速开船奔向他们的驻地，俘获了几乎整个舰队。180艘战船，只有10艘逃脱。三四千人被抓进监狱，接着都被处死。

其中一艘逃脱的战船直接回到了比雷埃夫斯报告惨痛的消息。它是晚上到达的，可以说雅典再也没有比这更悲痛的夜晚了。消息传遍了整个城市。很多人家都为死去的人设了灵堂，没有人睡得着。所有人都担心赖山德会将胜利的战船驶进港口。事实上他也是这么做的。雅典所有的港口都被斯巴达战船封锁。小麦的供应也断了，以致城里的人很快处于半饥饿状态。

雅典人此时既没有陆军也没有战舰了。围了三个月后，其间发生了一次重大的饥荒，只好开城投降了。

市民唯一的希望就是征服者可能会大度点，但是这次他们失望了。斯巴达人的制度非常严厉残酷。每条长墙都被推倒了一公里。雅典再也没有超过 12 只战船的舰队。斯巴达人直接任命了雅典的统治者。

为了尽可能地打击雅典人的自尊，赖山德边拆城墙边奏乐。还有一部分在萨拉米斯战役纪念日时拆，这天是雅典人纪念对波斯人取得伟大胜利的周年纪念日。

这样，公元前 404 年，伯罗奔尼撒战争结束。这是一场激烈的斗争，所有希腊人为之所累。写下了整个战争历史的修昔底德说过，从来没有这么多的城市被屠城，也从来没有见过这么大的屠杀场面。

雅典被毁了，它失去了战船和军队，而且在斯巴达手中显得很无助。斯巴达人任命 30 个人来管理城市。他们在历史上称为"三十僭主"。他们的统治十分残酷。他们只允许 3000 雅典人住在雅典城。其余的人必须离开城市，而斯巴达禁止希腊其他城邦收留这些难民。然而底比斯和阿尔戈斯，大胆地反抗这个残酷的命令，于是很多被驱逐的雅典人投奔这些城市以求生存。

八个月后，雅典人在色拉西布洛斯的领导下，推翻了"三十僭主"。但是，短期内至少 1400 名雅典市民被处死了。

赖山德占领雅典使他在斯巴达声名大噪，几年来，他一直是政府的真正首脑，而他自己也决心谋取王位。

　　然而，在他实施这个计划之前，斯巴达对底比斯宣战，他被任命为斯巴达军队首领派往底比斯城。他的军队被底比斯人打垮了，而赖山德本人也被杀死。

第二十二章　苏格拉底

一

在伯罗奔尼撒战争期间，有一个求知欲非常强的人住在雅典，名叫苏格拉底。他一定是希腊史上最丑的人。他的鼻子是平的、嘴唇是厚的、眼珠是鼓鼓的，而他的脸就像小丑的面具一样。然

苏格拉底

而他却是史上最出色最有智慧的人之一。他的父亲是雕塑家，雕了很多美丽的大理石像，于是在苏格拉底还是孩子的时候，就给他做帮手，同时受到了艺术的熏陶。

当斯巴达人派遣军队烧了阿提卡的农舍，攻克了雅典的友邦城市，城里的许多年轻人站出来为国而战。苏格拉底放下他的榔头和凿子，拿起了盾牌和长矛。他参加了好几次战役，可以说雅典没有人比他更勇敢。一次，在冬天，他被派到一个叫色雷斯的国家。那里非常冷，在野外露营更是雪上加霜。然而，苏格拉底乐意忍受寒冷，虽然他去那里光着脚，穿着温暖的雅典适合穿的衣服。

在军队服役几年后，他离开了军队，回到了雅典的家中。在这里他成了一个教师。他没有校舍。他的学校可以是任何地方，只要遇到愿意听他讲课的人。可以在集市，也可以在街角。在一个炎热夏天，他去雅典的港口与那里坐在树阴下、享受着微凉海风的人聊天。他既与年轻人聊，也与老年人聊，有时经常看到他与一群小孩在一起。他讲课的内容就是简单地谈谈如何更好地生活，也被希腊人称为哲学。

苏格拉底与雅典的其他老师不同，也与任何别的地方老师不同，他从来不对他的讲课收费。这使他一直很穷。他的衣服经常又破又旧。他的妻子赞西佩穿得也是一样。他自己一点也不介意，但妻子却不然，据说为此经常责骂苏格拉底，怪他一点也不会赚钱只会讲空话虚度光阴。有一次，他准备从家里出去逃避责骂，

苏格拉底教导年轻的亚西比德

妻子倒了一大盆水在他头上。"我就知道，赞西佩，雷声过后总会下雨。"哲学家说道。

没有比苏格拉底更好的朋友了。但也没有更差的敌人了。有些人不喜欢他，因为他经常问得他们哑口无言，不得不承认他们活得很可笑。还有人说，他教育人们不要崇拜朱庇特和密涅瓦及其他雅典众神，这会把城里的年轻人引入歧途。

他有个敌人叫阿里斯托芬，是一名诗人。他写的戏剧是在雅典演出过的最幽默的戏剧。其中一部有个角色是一个野蛮的年轻人，还有一个是苏格拉底。阿里斯托芬让人看上去以为是苏格拉底教唆年轻人变得野蛮。此剧的演出使苏格拉底受到严重的伤害，因为许多人开始相信他真的教唆年轻人误入歧途。

但是，一个雅典最顽劣的年轻人曾经说过："你认为我内心没有羞耻，但是当我跟苏格拉底在一起的时候，我感到很惭愧。他只要一开口，我的眼泪就忍不住流下来。"

最后，苏格拉底的敌人把他告上法庭，说他毁了年轻人还侮辱了神灵。他被判有罪，还要喝下一种从毒芹植物提取的致命毒液。在雅典，被判死刑的人通常让他们喝这种毒药。

没有人在面对非法判处死刑时，表现得比苏格拉底更从容。

离开法庭之前，他说："我的法官大人，您现在可以回家了，而我要到监狱接受死刑。但这两者哪个更好呢？只有神知道。很有可能死亡是我们最好的赐福。"

一般情况下，一个人被判死刑，在审判的第二天就要喝下毒

阿里斯托芬

戴着面具的喜剧演员

药。但是朝圣的船刚刚驶离雅典前往得洛斯。这艘船每年带着雅典人的贡品去供奉这个岛的主神阿波罗。而且在雅典有明文规定，被判死刑的人在船来回的时间内，不能处死。于是苏格拉底在狱中关了一个月。

在狱中的这段时间，他的朋友允许去探监。在监狱里，他与朋友们交谈就像在市场上或者街上一样。

一些朋友对他说，他们感到非常伤心，因为他无罪而被判处死刑。

"什么？"苏格拉底说，"难道你们希望我有罪而被判处死刑吗？"

当船从得洛斯回来，他被告知准备上路。他邀请他的朋友们来一起度过最后的时光。他与他们吃了最后一顿晚餐，而且非常高兴，像宴会一样。

苏格拉底之死

其中一个朋友问他希望被葬在什么地方。

"埋葬我？"他说，"你们不能埋了我。你们可以埋葬我的尸体，但你们不能把我的灵魂带进坟墓。"

他讲到死亡和未来生活的关系时说，死亡是悲痛的结束，也是高贵生活的开始。

当狱卒端来了那杯毒药，苏格拉底愉快地喝了它，就像是一杯酒一样。他被要求在牢房中走动，过了一会儿，开始昏昏欲睡，躺了下来。不久，他停止了呼吸。

他其中一个学生柏拉图说："这个我们今生见过的最高贵、最智慧、最出色的人就这样离我们而去了。"

二

苏格拉底死后（公元前 399 年），他的事业由他的学生柏拉图继承，柏拉图也成了希腊史上最有名的哲学家之一。他的演讲

柏拉图学园

是在树荫下进行，那棵树是客蒙几年前在学院里种下的。

除了伟大的哲学家，雅典还有一些著名的画家。其中两个最有名的是宙克西斯和帕拉修斯，大约生活在公元前 400 年。他们相互是对手。一次，他们开了一个作品展览会。宙克西斯展出他画的一串葡萄，看上去很自然，以至于鸟儿飞来竞相啄食。人们惊呼道："太神奇了，还有什么比宙克西斯的葡萄更好？"

宙克西斯骄傲地转向他对手的画作。一块紫色的幕布挂在它前面。"把你的幕布拿开，帕拉修斯，"他说，"让我们看看你的画作吧。"

艺术家笑了，但没有动。有人走向幕布想揭开它，然后才发现幕布是画的一部分。

"我服了，"宙克西斯说，"很容易看出谁是更好的艺术家。我骗过了鸟，帕拉修斯骗过了艺术家。"

据说宙克西斯看着自己画的老妇人，因为太有意思而笑死了。

第二十三章　色诺芬

一

一天，当苏格拉底走过雅典一条狭窄的街道的时候，他遇到了一个非常英俊的年轻人。苏格拉底伸出他的手杖，年轻人就被拦住了。

"哪里可以找到面包？"哲学家问道。

当年轻人告诉苏格拉底哪里可以买面包时，他的举止端庄而且令人舒适。

"还有，哪里可以找到酒？"哲学家又问。

年轻人用同样得体的方式告诉苏格拉底哪里可以买到酒。

"那么哪里可以找到善良与高尚呢？"哲学家问道。年轻人困惑了，不知道如何回答。

"跟我来，我教你。"哲学家说道。年轻人遵照指示，从那时起，成了苏格拉底的学生和朋友。他叫色诺芬，一个今后在希腊响当当的名字。

那时的波斯王为阿尔塔薛西斯一世。他有个弟弟名叫赛勒斯，是小亚细亚隶属波斯的几个省的行政长官。赛勒斯认为他比阿尔塔薛西斯一世更有资格坐上王位，于是他决定去夺取它。

波斯人在伯罗奔尼撒战争中帮助过斯巴达人，而赛勒斯发现希腊人是非常好的战士，他也知道他们中的许多人已经习惯战斗而不愿过和平的生活，愿意为任何人而战，只要给他们钱。因此，他决定让希腊人帮他夺取王位，于是他派人去希腊各城邦招兵买马，允诺事成之后有重赏。

色诺芬有一个朋友跟着赛勒斯，他邀请色诺芬跟他一块儿去。色诺芬把事情向苏格拉底讲了，苏格拉底告诉他去特尔斐，请示神谕看该怎么做。于是色诺芬去了特尔斐，但是他早就下定决心去参加远征，而没有请示神谕。他只是问了在出发之前应该向什么神献祭。献祭后，根据神谕，他去了小亚细亚的萨迪斯，他到达那里，刚好赶上参加远征的队伍。

11000 个来自各个城邦的希腊人加入赛勒斯的队伍。这样，与他的 10 万波斯军队一起，他有了一支 11 万人的军队。色诺芬不是将军，甚至不是一个士兵。他假装跟他朋友一起去，希望有空缺的职位适合他。

有一条大路从萨迪斯通往阿尔塔薛西斯一世的首都苏萨。但是即使是最好的路，10 万人的大军，而且多是步兵，致使大军行动非常缓慢。赛勒斯的军队每天前进大约 15 公里，花了六个月的时间到了一个叫库纳克萨的地方。大约离巴比伦 70 公里。

这里他们发现阿尔塔薛西斯一世率领着百万大军。波斯王的军队一边前进一边高喊，认为成千上万人的喊声可以吓倒希腊人。但是希腊人不慌不忙地喊出了他们的战斗口号"必胜"，而且镇定地前进，一切不利因素对他们没有影响。遗憾的是，赛勒斯在自己的波斯军队前先冲了上去，看到他的哥哥，他快速地冲向前，大喊："哪里走。"然后给了他一标枪。

然而，他自己却很快被阿尔塔薛西斯一世的士兵杀死了。一看到自己的首领倒下了，赛勒斯的波斯军队没了主心骨，开始四散奔逃。

二

希腊人由此陷入了可怕的境地。他们从萨迪斯行军六个月，而要面对人数是 100 倍于他们的军队。

在库纳克萨战役中，他们彻底打败了波斯人，阿尔塔薛西斯一世和他的手下都怕了他们，于是决定用诡计除掉他们。于是波斯总司令提沙费尔尼斯，邀请希腊将军们参加一个友好的聚会，答应提供向导与物资，这样可帮他们安全回到希腊。将军们没有怀疑这是个骗局，来到了波斯军营。在那里他们全部都被杀害。

希腊人至此变得非常警惕。将军们被暗杀后的那天晚上，是一个恐怖的夜晚。火全部灭掉，甚至晚饭也不烧。睡觉的时候武器放在旁边，哨兵们加强戒备，不放过一点细小的动静。

　　色诺芬整晚都在想怎么办才好。有一点是清楚的，就是必须选出一些人来当希腊人的指挥官，而且他们要互相支持。他确信如果这件事成了，就有机会安全回家了。第二天早上，他向其他希腊人说出自己的想法和希望。他们对此也欢呼雀跃。虽说之前他在军中没有职位，此时他成了军队的一员上将。

　　逃出波斯国界最短的路程是穿过尤克森，现在叫黑海。需要向北穿过几百公里的崎岖山脉。在黑海岸边的一个港口，希腊人希望能找到船只来渡海回希腊。

　　军队开始行进。途中遇到各种艰难困苦，有暴风雪和凌厉的北风。有时找不到充足的食物。山里的部落对经过那里的军队也经常怀有敌意，并将石头滚下山坡砸向士兵。

　　不过，最后他们还是到了黑海。希腊人自从将军们被谋杀后，已经在敌人的领土上行进了五个月。他们靠着从家里带来的补给，只损失了一小部分人。这声撤退实际上也是一次胜利。

　　色诺芬回到了希腊，但他没有回雅典。有一段时间，他遵循战士的宿命，与斯巴达人一起对抗雅典，于是雅典人通过了放逐他的判决。

　　他去了斯巴达，之后很快在埃利斯看中一套房产。"色诺芬之田"现在依然是游客参观希腊的景点。他在那里平静地度过了大约20年，有时打猎，有时写作，有时款待朋友，跟他一起分享作为一个战士在遥远的战场中的传奇经历。

　　在他记录的笔记里，他写下了这段历史，叫作《远征记》，或者《行军记》。那是关于塞勒斯进军巴比伦和希腊军大撤退的历史记录。

　　由于政治动乱，色诺芬不得不离开埃利斯舒适的家。他去了科林斯，据说他最后死在了那里。

第二十四章　伊巴密浓达和佩洛披达斯

一

伯罗奔尼撒战后不久，在底比斯城住着两个年轻人，名叫佩洛披达斯和伊巴密浓达。佩洛披达斯很富有，伊巴密浓达却很穷。两个人都喜爱田径运动，不过伊巴密浓达发现他的主要兴趣在书本里面。两个人都很勇敢真实，他们就像亲兄弟一样互相爱护。

有一次，当时他们的城市是斯巴达的盟友，他们作为士兵被底比斯派去帮助斯巴达人与他们邻国阿卡迪亚人作战。当他们的战友都撤退逃走了，两个年轻人依然并肩作战，他们把盾牌并在一起，勇敢地坚守阵地并试图击退阿卡迪亚人。佩洛披达斯受伤倒地。伊巴密浓达不想抛弃他的朋友，虽说也受了重伤，但他挡住了阿卡迪亚人，直到援兵到来，最后，他和佩洛披达斯都得救了。

经过一段时间，斯巴达人开始嫉妒底比斯人，并试图夺走底

伊巴密浓达救援佩洛披达斯

比斯人民的自由。一些底比斯富人为了成为可能的统治者，也乐于帮斯巴达人这样做。一天，他们领着一队刚好经过的斯巴达士兵，进入卡德米亚。这是一个底比斯的石头堡垒，位于城池上方，就像雅典的阿克罗波利斯山一样。卡德米亚从来没有被攻克过。但是在那天，守备部队刚好放假，堡垒交给妇女们防守，而她们则在那里庆祝一个关于克瑞斯的节日。因此斯巴达人很容易就将其攻克，并在此盘踞了四年。

　　在那段时间，那些把要塞出卖给斯巴达人的富人成为僭主，统治了底比斯。他们把一些底比斯人处死，一些流放。300 多人被驱逐，其中就有佩洛披达斯，伊巴密浓达因为穷，僭主们不把他当回事，就允许他留在底比斯。他利用自己的影响力训练底比斯的年轻人，使他们在技巧和力量方面超过斯巴达人。

二

流放者来到了雅典。在那里生活了几年，佩洛披达斯决定去解放他的国家，于是他很容易就劝服了其他流放者和一些雅典人加入进来，一起去实现他的计划。

当一切准备就绪，流放者离开了雅典。其中的 12 人，自愿潜入底比斯去刺杀僭主。他们将自己伪装成猎人，分成四组，带上猎狗，在底比斯周围的土地上打猎。到了黄昏，他们潜入城中。那是寒冷的冬天，天上下起了雪，街上没有多少人，因此流放者全部到达他们集合的房子而没有引起任何注意。26 个平民也加入他们的队伍当中，全体留在屋里，直到接近后半夜。

参与这个密谋的一个爱国者，邀请僭主们来他们家参加晚宴。在宴会上有上好的酒，僭主们尽情畅饮。晚餐结束后，一些爱国者装扮成女子，进入宴会大厅。他们进屋后，宾客们热烈欢迎他们，但是这些假女人立刻摘掉他们的面纱，拔出刀剑，将僭主们杀掉。

佩洛披达斯与另一个同伴，来到两个拒绝参加晚宴的僭主家中，在一场激烈的搏斗之后杀死了他们。爱国者们挨家挨户召集人们一起来保卫他们的家园。在卡德米亚的斯巴达士兵听到喧闹声，看到火把，都害怕得不敢出来。

第二天一早，其他流放者和他们的雅典朋友来到了城中，所有的平民都武装起来。斯巴达人的守备部队放弃了卡德米亚，底比斯人获得了解放。

三

斯巴达人等了八年才等到一个机会来惩罚底比斯人。随后，战争开启，一支1万人的斯巴达军队向底比斯挺进。

底比斯人也建立了一支军队，然后通过佩洛披达斯的影响力，伊巴密浓达当选为其中一个主要首领。佩洛披达斯自己成为著名的由300名年轻人组成的"神圣军"队长，他们发誓为保卫自由献身。

两支军队在一个叫留克特拉的小镇相遇。虽然伊巴密浓达所率军队的人数不及斯巴达人的一半，然而在那里，伊巴密浓达取得了巨大的胜利。

伊巴密浓达和佩洛披达斯对底比斯人的训练，使他们成了希腊最好的战士，底比斯人也帮助希腊其他城邦获得独立。

佩洛披达斯来到塞萨利，帮助当地的人民反抗妄图统治全塞萨利的僭主。佩洛披达斯的军队不及僭主强大，但佩洛披达斯还是胜利了。然而不幸的是，他自己也在战斗中被杀死了。

塞萨利人请求底比斯人允许他们厚葬这位英雄，底比斯人答应了。

四

佩洛披达斯的死对伊巴密浓达是一种痛苦的打击。不过，他没有让自己的痛苦妨碍自己的职责。这个时候，雅典人越来越嫉妒底比斯人，就与斯巴达人结为联盟。就这样，公元前362年，两城的联军与伊巴密浓达率领的底比斯人在曼提尼亚镇相遇，在那里展开了一场激烈而持久的战斗。最后，底比斯人获胜，斯巴达人被驱逐出了那片土地。

虽然底比斯人获得了胜利，但也付出了巨大的代价。正当战机开始转向，斯巴达士兵被打败的时候，伊巴密浓达受了伤，胸口被矛刺中。木柄断了，枪头留在了伤口中。医生告诉伊巴密浓达，如果拔出枪头，他马上会死掉。关心他的人都哭了，有一个人哭着说："如果你死了，连个孩子都没有，怎么让你的名字留传后世啊！"

"留克特拉镇和曼提尼亚镇，"英雄回道，"都是我的女儿，她们会记住我，并让我的名字长存的。"

当英雄被告知战斗已经胜利的时候，他哭了："我已经活得够长了。"他用手从胸口中拔出了枪头。这个希腊历史上的英雄去世了。他是为自由而战的战士，为行善而生的男子汉。

第二十五章　独眼腓力

一

在伊巴密浓达死后，底比斯很快在希腊各邦中失去它原来得到的领导地位。一时之间，也没有其他城邦可以取而代之。斯巴达在留克特拉和曼提尼亚的失败使它再也不能东山再起，而雅典虽然重建了长墙，但也不像以前那么强大了。

一个远处北方，由希腊人和异邦人组成的城邦，突然在希腊事务中取得领导地位。它就是马其顿王国。

马其顿国王有个兄弟名叫腓力，他年轻时曾在底比斯待过。他见过底比斯通过伊巴密浓达的勇气和军事技术成为希腊最强大的城邦，于是他决心让自己的国家也强大起来。

实现他决心的机会终于来了。马其顿国王被暗杀了，而继承他王位的兄弟在战斗中被杀掉。腓力尚在襁褓之中的侄子是合法的继承人，而腓力成了摄政王。不久，他的侄子就被废掉，腓力坐上了马其顿的王位宝座。

酒神节上的舞蹈

　　腓力登位不久，他便娶了奥林匹娅丝，一个骄傲美丽的女人，也是伊庇鲁斯国王的女儿。腓力第一次看见她是在纪念酒神的宴会上。她和她的女侍们在藤条鲜花编织的花环中跳舞。奥林匹娅丝头上戴着一个常春藤花冠，手上握着葡萄藤编成的权杖。她跳舞时那种野性的美丽赢得了他的心。他向她求婚，接着她就成了他的妻子。

　　腓力很快显示出他是一个英明的统治者。他公平对待他的人民，而大家也十分喜欢他。

　　一天，他喝醉酒之后，扮演法官对一个妇女做了一个判决。他的判决看上去对她非常不公平，她想他一定受到了酒精的影响。"我要上诉。"她哭道。

　　"我是国王，你向谁上诉？"腓力问。

　　"我要向清醒的腓力控诉醉酒的腓力。"她回答。第二天，腓力又一次审理了她的案子，做出了令她满意的判决。

二

然而，腓力最受到人民喜爱的是他的军事才能。他知道斯巴达成为希腊的主宰是因为每个斯巴达人都是训练有素的战士。也知道伊巴密浓达赢得伟大的胜利是他的排兵布阵的方法。因此，他周密地训练他的军队，在战斗中把士兵排成他那威名远扬的"方阵"。

这个方阵由大量士兵组成，有16纵。如果有16000人，第一排1000人肩并肩站着。离开三英尺站第二排1000人。第二排后面等距地站第三排，以此类推直到形成深16宽1000的人墙。每个人拿一面直径两英尺的圆盾，一支21英尺的长枪或矛。盾牌与左臂用搭扣扣紧，并与身体紧紧贴住。盾牌前面枪尖林立像篱笆一样。面对这些枪尖，没有人马可以冲进来。而方阵所到之处可以击溃前方任何事物。

伟大的演说家德摩斯梯尼不断地提出警告，终于用雄辩的口才说服雅典和底比斯采取了相应的行动来对付腓力。一支军队被派出对抗马其顿。腓力在离底比斯不远的喀罗尼亚与这支队伍相遇，在那里取得了巨大胜利。

这次胜利终止了雅典和底比斯的强大，使腓力成为希腊各邦的主宰，除了斯巴达。

不过腓力非常睿智，而且公平，没有成为一个暴君。他了解斯巴达的历史。斯巴达人的军事训练使斯巴达变得强大，但他们的暴行却使他们变弱。在希腊没有一个城邦在他们的统治下是感到满意的。因此腓力对占领的城邦表现得都很仁和。他让每个城邦自己管理自己的事务，然后建立一个总理事会，像我们的国会一样，处理他们共同关心的事务。

腓力建议各城邦委员会做的第一件事就是全希腊联合起来对抗波斯。委员会委员都很赞同，于是腓力就被邀请成为远征军的总司令。

入侵波斯的准备工作已经开始了，但腓力的事业突然被一个刺客结束了。那是在一个喜宴上，刺客用剑刺杀了国王。

第二十六章　亚历山大大帝

一

亚历山大，是马其顿腓力和奥林匹娅丝之子。他出生的那天晚上，狄安娜在小亚细亚以弗所的大庙也被烧毁了。据说神庙烧毁的时候，预言家跑遍了大街小巷，大喊那天晚上会给亚细亚带来可怕的灾难。神庙的焚毁刚好与亚历山大的出生在同一时间。

亚历山大主要受教于希腊著名哲学家亚里士多德。年轻的王子是个很好学的学生。据说，他可以从头到尾背出荷马史诗《伊利亚特》。

他在体育运动方面也很出色。与马其顿相邻的希腊邦国塞萨利，有一种好马，以速度和灵气闻名。当亚历山大还是孩子时，有一匹好的塞萨利马以高价卖给他父亲。腓力想试试这匹马，但是马太野了，每个人都怕它。亚历山大提出要骑骑它，国王同意了。亚历山大注意到这畜生害怕自己的影子，因此抓住暴跳的马头把它朝向太阳，这样它的影子就到了它身后，然后轻轻拍它的脖子，

亚历山大驯服烈马

温和地对它说话，接着跳上马背，一会儿就完全驯服了它。

马头应该有点像一种公牛，这样它被叫作布西发拉斯，或者牛头尊。它成了亚历山大最爱的战马，多次驮着主人行军打仗。

亚历山大的野心在很小的时候就显露出来了。当他还仅仅是个孩子的时候，他就决定要征服世界。而当他向亚里士多德学到宇宙中有很多个世界的时候，他一想到他一个也没有征服就很伤心。

当腓力征服一个又一个时，亚历山大有点惊慌，"哎呀！"他有一天大喊，"我父亲会让我无事可干的。"

　　不过，等他成为国王，他发现还有许多事可做。首先在他身边还有很多觊觎王位的人。有一些被亚历山大消灭了，其他的则从这个国家逃走了。他得知底比斯和其他希腊城邦想推翻马其顿的统治。于是，他聚集了一支大军首先向底比斯进军。底比斯人被吓坏了，没有做任何抵抗马上就投降了。雅典人不顾德摩斯梯尼的建议，派一名使者给在底比斯的亚历山大递交了他们的降书。过不多久，希腊人在科林斯相聚，在总理事会上推举他，就像当年推举腓力一样，成为对抗波斯的远征军总司令。唯独斯巴达不同意投票。

　　亚历山大回到马斯顿，然后进军镇压他统治下的北方民族色雷斯。当他正在征战的时候，关于他死亡的消息传到了希腊，接着底比斯也起兵反抗。突然，亚历山大带着胜利之师出现在希腊。他对底比斯发起了猛烈的进攻，几乎推倒了城中所有建筑，除了著名诗人品达曾经住过的房子。6000个居民被杀死，另外一些人飞快地逃跑了，剩下的都被卖作了奴隶。

二

　　亚历山大此时开始准备大批量的远征军来对付波斯，这也是早就在计划之中的。不久，他的军队准备好了进军。军队组成不到35000人，但他还是大胆地穿过了赫勒斯湾。

　　他在离古特洛伊遗址不远的亚洲沿海登陆。从特洛伊平原向格拉尼卡斯河流挺进，在河岸边与波斯展开了第一场战斗。

波斯军队被完全打垮了，而它的司令官无法面对失败的耻辱而自杀了。伟大的萨迪斯城，波斯人在小亚细亚的要塞，如今也只好开门迎接征服者了。

第二年春天，亚历山大行军前往佛里吉亚的一个省。戈尔迪乌姆城中有一个寺庙放着著名的佛里吉亚国王戈尔迪亚斯的一驾双轮马车。马车的轭与杆之间有一个用坚韧的绳子打成的结。据说绳结由戈尔迪亚斯亲自系上的，非常复杂难解。有一个神谕声称，无论是谁，只要能解开它就会成会亚洲之主。亚历山大不去解绳子而是用剑一剑砍断。小亚细亚人认为这是个征兆，他会成为他们的主人，于是也没有进行多少抵抗。

越过群山是小亚细亚的南部，"万邦之王"大流士率领庞大的军队正在等着希腊人。亚历山大开始变得不耐烦了，于是穿过群山来到奇里乞亚。在伊苏斯展开了战斗，但波斯人不是希腊人

大流士的家眷匍匐在亚历山大脚下

的对手。战斗以大流士彻底的失败而告终，而他自己也从战场上逃走了。不仅留下了行李辎重和金银财宝，还把妻子、母亲和孩子都落下了。这些全落入了亚历山大的手中。不过胜利者对这些俘虏非常尊重和友善。

伊苏斯战役不久，大马士革也被攻占。亚历山大向叙利亚著名港口提尔进发。提尔与每个国家都有贸易，而且商人都是贵族。所以城中储备非常丰富，在围攻之下坚守了7个月。但最后，它还是落入了亚历山大的手中。3万市民被俘，成了奴隶。

亚历山大接着从提尔向埃及进军。行军途中经过圣地。当他到达耶路撒冷，主教带着牧师与利未人，打开城门，列队欢迎征服者。

埃及跟圣地一样，不战而胜。人们已经厌倦了波斯的统治。

在埃及，亚历山大做了一个最明智的举动。他在尼罗河的开口处建了一座城市作为一个重要贸易港口。现在依然以它的创建者为名，叫作亚历山大港。亚历山大另外一个明智的举动是邀请犹太人到新城内定居。他看到他们是出色的商人。正像他预期的，他们使亚历山大港成了比提尔更大的商城。

公元前331年的春天，亚历山大出发追击大流士，而大流士也早就征集了另一支大军。

10月，在波斯一个叫埃尔比勒的地方不远，大流士和亚历山大的军队相遇，进行了最后的决战。大流士竭尽所能来保证打败希腊人。他的军队号称百万之众。其中一支队伍装备了200辆战车，轮子上绑上大镰刀。大镰刀会和车轮一同旋转，可以像割草一样刈割希腊人。还有一支队伍拥有 15 头训练有素的大象，可以疯狂地冲入希腊人中践踏他们。

但是，镰刀战车、象兵、百万之师看上去并不成功。这个庞大的军队被完全击溃，而大流士也调转战车，逃之夭夭了。

亚历山大从埃尔比勒继续前进到达巴比伦，而巴比伦的黄铜大门早已为他打开了。帝国另一大城市苏萨未经任何抵抗就投降了。然后，为了征服得更彻底，他进军前往波斯波利斯，那是法尔斯省的重要都城。这座城市连同数不尽的金银财宝都落入他的手中。5000 只骆驼和 10000 只骡子驮着战利品，据说价值达到 1.5 亿美元。

亚历山大继续追赶大流士，不过在他追到之前，"万邦之王"已经被他的总督谋杀了。亚历山大以王室之礼厚葬了大流士，然后处死了总督。

波斯帝国如今踩在了亚历山大脚下，远征的任务也已经完成。然而，年轻的国王并没有回马其顿的打算。他征服了东方，但东方也征服了他。他成了生活的奴隶。他把在马其顿的简单朴素的生活放在了一边，继而开始寻欢作乐。

三

然而不久，他又着手征战，带领手下老兵向东方行进，到了巴克特里亚，把这个省纳入了自己的版图。在巴克特里亚的俘虏中有一个美丽的公主叫罗克珊娜，成了他的新娘。

　　印度位于波斯的东南方，是一个庞大的帝国，盛产黄金与钻石。亚历山大想把它纳入自己的版图。

　　巨大的山脉围绕着印度的北方和西北方。跨过高山就是关口，中亚的旅行者必须经过关口才能进入印度。

　　亚历山大从开伯尔隘口进去，平稳向前行进直到他到达希达斯皮斯河。在这里，印度国王波鲁斯与他展开了战斗。波鲁斯证实了他是亚历山大在亚洲遇到的最顽强的战士。当这个印度人最后兵败被俘带到胜利者面前时，亚历山大问他希望被怎么处置。

　　"像一个国王一样。"波鲁斯回答。

波鲁斯在亚历山大面前

　　"那是当然的。" 亚历山大说。后来波鲁斯没有受到任何惩罚，因为亚历山大一向是这么体面地处置手下败将的。

　　在希达斯皮斯河的岸边，亚历山大不幸失去了他的爱马布西发拉斯。在马死的地方，征服者建了一座城市，为了纪念他心爱之物命名为布西发拉斯。

　　征服者不能再继续他的印度战役。他的士兵已经厌倦行军作战，他们坚持不再行进。因此，虽然与他意见相左，亚历山大还是不得不带他们回到波斯。

　　回去的路上也是困难重重。在印度河河口亚历山大让舰队沿着海岸向上到达波斯湾，而他自己带领陆军回苏萨和巴比伦。途中，军队必须经过一个火热、干燥和荒芜的国家。士兵痛苦不堪，而亚历山大也与他们一起患难与共。

　　回到巴比伦不久，亚历山大发了高烧，他再也没有力量支撑下去了。

亚历山大之死

他手下的将军聚集在他临死的床前。他们问他谁可以继任大统。他摘下他的图章戒指把它交给帕迪卡斯说道："给予最强者。"不一会儿他就停止了呼吸。

这个迄今为止世界上最伟大的军事家就这样撒手人寰了。他去世时是公元前 323 年，只有 32 岁。他在短短的 12 年间取得了无数胜利，征服了广袤的土地。

第二十七章　德摩斯梯尼

一

伯罗奔尼撒战争结束 25 年后，雅典城住着一个瘦弱的男孩，名叫德摩斯梯尼。他父亲是铸剑师，赚了很多钱。但是，在德摩斯梯尼 7 岁的时候，他的父亲就死了。监护人负责保管他的财富 10 年。他们掠夺了孩子的部分财产，剩下的也没有经营好，导致德摩斯梯尼不能上最好的学校接受最好的教育，因为没有足够的钱支付学费。

在他 16 岁那年的一天，雅典城正在进行一场重大的审判，他闲暇无事也来到法庭。庭上有 1501 个法官，像今天我们所谓的现场陪审员。里面挤满了市民，都像德摩斯梯尼一样因好奇而来。律师卡里斯特拉图正在演讲。讲了 4 个小时还没有结束，但是在他结束演讲之前没有人离开法庭。讲完后，成百上千的人一下子涌出法庭回家去了。德摩斯梯尼等着想看看结果。当时每个陪审员把投票卵石扔进篮子，由法庭书记员清点卵石数目来判定结果。卡里斯特拉图打赢了官司。

德摩斯梯尼回到家决心成为一名律师和公共演说家。一年后，他把他的监护人告上了法庭，发表了4篇针对他们的演说词，最终赢得了官司。他重新获得了他父亲留给他母亲和他的大部分财产。

德摩斯梯尼

经过这次以后，他进入了公众生活，但是第一次在公共集会上演讲完全失败了。他结巴了，讲话声音也不够大，为了表现好一点，结果闹了一个大红脸。

人们嘲笑他，甚至他的朋友也告诉他不可能成为演说家，于是他非常沮丧地回家了。

那时有个演员，也是他家族的好友来看他并且鼓励他。他叫德摩斯梯尼读几首诗的片段。接着演员也把片段朗诵了一遍。诗立刻有了新意，变得美妙起来。从他嘴里读出来的词，就好像活的能触摸到一样。他的语调如此清晰有趣，他的手势如此优雅，德摩斯梯尼被彻底迷住了。

"你可以通过学习做得跟我一样好，"那个演员说，"如果你愿意耐心练习的话。不要灰心，要克服困难。"

"我会的。"德摩斯梯尼说，而且他也是这么做的。

据说，为了提高嗓音他在演讲时嘴里会含一块石头，为了适应公共集会的吵闹与混乱，他到海边在海浪的咆哮声中朗诵。为了克服演讲时耸肩导致一个肩膀高一个肩膀低，他挂了一把剑，

在古希腊

这样耸肩的时候，剑尖就会刺到肩膀。

　　他建了一间地下室，在那里练习免得别人打扰，当然演讲声也不会打扰别人。他把他的头发剃掉一半，这样就不好意思从密室出去了。然后，他每次在那里待几个月，专心学习。在那里，他还做了一件事，就是把修昔底德的著名的历史传记中的演讲抄了8遍。这样使他学会了如何使用恰当的言辞。除了上述这些，他还向一个叫伊塞优斯的杰出演说家学习雄辩术。就这样，一个在公众面前被嘲笑的笨孩子最后成了雅典最伟大的演说家。

　　德摩斯梯尼不但是优雅的演讲家，而且非常博学爱国。他很快在雅典获得了巨大的影响力，并成了十个官方演说家之一。

　　此时，马其顿国王腓力已经组织了一支强大的队伍，开始了一系列征伐，最后成了希腊的主宰。德摩斯梯尼从一开始就对他抱有疑心，但是没有说什么，直到确信腓力威胁到雅典及全希腊的自由。于是，他主张雅典人对抗腓力就像他们的祖先在马拉松、萨拉米斯和普拉提亚对抗波斯人一样。"腓力，"他说，"是脆弱的，因为他自私、不公。他是强大的，只因为他富有激情。让我们也一样充满激情，再加上公正无私，我们一定会胜利。"

　　腓力在喀罗尼亚取得的胜利使雅典人彻底丧失了勇气，因此德摩斯梯尼不得不使用他雄辩的口才来激励他们。在他的演讲中，他指出腓力的胜利和雅典的失败不是由于人民的顾虑或者领军的将领，是由雅典人民自己决定的。"是因为你们虚度光阴，"他说，"当你们去理发店问今天有什么新发型的时候，腓力正在集结军队准备镇压你们和像你们一样的其他希腊人。"

　　腓力试图收买德摩斯梯尼，但演说家完全不受诱惑。在他生前，他一直在呐喊，用他的影响力对抗腓力和亚历山大来获取自由。他发表了12篇关于这个话题的演讲。其中3篇是特别针对腓力的，叫作"斥腓力"。它们在斥责腓力时是如此尖锐以致现在任何一篇针对个人或党派的尖锐严厉的演讲都叫作"斥腓力"。

　　德摩斯梯尼最著名的演讲是为捍卫他自己，叫作"花冠之争"的演讲。他早先建议雅典人联合底比斯人对抗腓力。他的建议被采纳了，也取得了胜利。雅典人非常高兴建议给德摩斯梯尼在最重大的节日里戴上金制的花冠。现在这项建议必须由人民来投票，而有一些德摩斯梯尼的政敌反对这么做。如果人们拒绝投票戴上花环，这意味着是德摩斯梯尼的耻辱，如此一来，他不得不到众人面前发表演讲捍卫自己，也证明自己的建议对国人是正确的。确实雅典人不可能推翻腓力的政权，或者从他的统治下解放希腊各邦。但是，德摩斯梯尼说："我坚持认为即使事先全世界都知道腓力会取得胜利而我们会失败，我们也要顾及雅典的荣誉、过去和未来，不应该找任何借口放弃抵抗。"他所说的意思是，如果他认为这是正确的事，那就要去战斗，这是雅典人民的职责，即使一开始就知道他们不能成功。

这是从来没有从人们嘴里说出来过的宏伟措辞。当人们开始投票时，他们决定他应该得到花冠。

二

当腓力被杀的消息传到雅典，德摩斯梯尼高兴坏了，他将一个花环戴在头上，就像参加节日盛会一样。他甚至劝说雅典人向众神献祭。

不久后，亚历山大大赦希腊各邦。不过他要求移交德摩斯梯尼和另外八个雅典演说家以判国罪论处。德摩斯梯尼给雅典人民讲了一个狼和羊的故事。

"曾经有一次，"他说，"牧羊人同意今后与狼成为朋友。狼也诚心诚意地答应再也不袭击羊群了。但狼又说，为了公平起见，他认为牧羊人也不能再养狗。牧羊人答应了狼放弃养狗。可是后来羊被狼全部吃掉了。"

雅典人知道德摩斯梯尼的意思，并留心听讲。他们保持了警惕，德摩斯梯尼和其他演说家安全地回到了家。

最后，亚历山大撤回了他的命令，并友好对待雅典人民。然而这也没有赢得德摩斯梯尼的支持，继续步步反对马其顿人。

过了一些年，亚历山大的一个总管偷了一大笔财富逃往雅典请求保护。德摩斯梯尼为了帮他而受到不公正的审判，并被判罚款。他付不起罚款只好被流放。

亚历山大死后，演说家回到了雅典。雅典人派了一艘军舰把他接回了比雷埃夫斯。地方官、牧师和所有市民走上街头欢迎他，并护送他回到城中。

德摩斯梯尼此时为解放雅典做最后的努力。但是，马其顿依然强大，而雅典和爱雅典的人却仍然软弱。不久又传来命令将演说家们移交受惩，于是德摩斯梯尼又一次为了生存而逃亡。他在希腊沿海的一个岛上找到了一座波塞冬神庙作为避难所。

德摩斯梯尼去世的神庙

因为神庙不可侵犯，所以可以保护他，但他也逃不了。一个派来杀他的士兵首领告诉他，如果他从神庙里出来他会被赦免。德摩斯梯尼非常明白他们不会遵守诺言。他要求给他一点时间写一封信。他的要求得到了准许。他写完后，把写字的羽毛管的末端放到了嘴里。那些看着他的人看见他的脸色变得越来越苍白。他试图走到门口，但刚走到祭台边就倒地而亡了。原来，他早就在笔管末端藏了一些毒药，他害怕有朝一日自己会落入马斯顿人手中。他宁愿被毒死，也不愿被折磨死。

第二十八章　亚里士多德、芝诺、第欧根尼和阿佩利斯

一

当亚历山大正在征服世界的时候，雅典城里住着一个人，他的著作在征服者的帝国土崩瓦解之后还流传了几百年。实际上，它今天还存在。这个人就是亚里士多德，一个伟大的哲学家，还曾经当过亚历山大的老师。

亚历山大称王以后，亚里士多德前往雅典建立了一所哲学教育学校。他的名声也日渐响亮，人称"智者"。他花了大量时间写作，几乎涉及了人们在那个年代能想到的任何事情。他的一些

亚里士多德教导亚历山大

亚里士多德讲学

著作至今在大学里还有人研究。

　　像其他伟大的希腊人一样，亚里士多德也有敌人。其中一些控诉他对神不敬。因此，他离开了雅典，就像他说的，不让雅典人因为驱逐他而开罪哲学。最后，他在流亡中死去。

　　据说他死后大约 200 年，人们都不知道他的著作变成什么样了。那些著作的收藏者由于害怕被喜欢藏书的国王帕加马占为己有，把它们埋在了地下室。当这些手稿被发现的时候，上面的字迹依然清晰可见。

　　从那以后的几百年，亚里士多德的著作在欧洲被广泛研究，可以说超过任何一本著作。

二

另一个生活在亚历山大时代的伟大哲学家叫芝诺。他出生于塞浦路斯，在年轻时去了雅典。他在走廊里讲课，在希腊称为拱廊（Stoa），从此他和追随者被叫作（Stoics）斯多葛学者。他教育人们生活要简单，要学会不以物喜，不以己悲。今天，我们称那些能够毫无怨言地忍受痛苦与不幸的人为"斯多葛"。

芝诺的其中一个对手是哲学家伊壁鸠鲁。他在雅典建了一所学校，在那儿教书 36 年。他的敌人控告他教授享乐至上的理念，现在有许多人也是这种观念。我们称一个向往奢侈生活的人为"悦食者"。但是，伊壁鸠鲁实际上用愉悦这个词来形容内心的平静，不只是吃喝的满足。其实他和他的学生都生活得很简朴。

雅典的哲学家们

三

希腊最奇怪的哲学家是第欧根尼。他曾经站在城市的公共场所嘲笑市民的愚蠢。因为这个习惯，他和他的弟子被称为"愤世嫉俗者"，或者"咆哮者"，在希腊语中是狗的意思。传说中他住在一个木桶里。

第欧根尼在木桶里

许多第欧根尼的奇闻逸事被流传了下来。一次，在大白天，他手里提着一盏点燃的灯笼在雅典的街道上闲逛。

"你这是在做什么，第欧根尼？"有一人碰到后问他。

"我正在找人。"第欧根尼冷笑道。

还有一次，他正在旅行，不巧他驾驶的船被海盗抢走了。

第欧根尼提着灯笼寻找诚实的人

乘客与船员被带到克里特岛作为奴隶出售。正在拍卖的拍卖商问第欧根尼他能做什么。"我能支配人，"他回答，"把我卖给需要主人的人吧。"

当希腊各邦的总理事会任命亚历山大带领他们的联军对抗波斯的时候，年轻的征服者就来拜访第欧根尼。哲学家那时住在科林斯，一个买他当奴隶的人家中。而亚历山大来访的时候，他刚好在花园里晒太阳。

"我能帮你做点什么吗，第欧根尼？"亚历山大问道。

"没有，除了不要挡着我晒阳光。"第欧根尼回答。

亚历山大给他留了少许必需品，并说："如果我不是亚历山大，我希望成为第欧根尼。"就像他先前曾说过："如果我想要征服世界，我希望拥有像第欧根尼那样征服自我的能力。"

四

许多著名的画家生活在亚历山大统治时期。最著名的当属阿佩利斯。亚历山大不允许除他之外的任何人来画他的肖像。阿佩利斯虽然有天赋，但他成为伟大艺术家是在天赋的基础上耐心勤奋地练习得来的。他的座右铭是"日日耕耘"。

一次，他在绘图比赛中画了一匹马，并与其他画马的选手一起展出。他看到评委对他的画并不欣赏，于是要求让所有的画在马面前展出。完了以后，马对其他选手的画不感兴趣，就像看到空白的画板一样，而当阿佩利斯的画展出后，马嘶鸣不已，就像见到了朋友一样。

第二十九章　托勒密

　　亚历山大最喜爱的将军之一是托勒密。帝国的属国埃及就在他掌控之下。帝国的其余部分委派给别的将军。有马其顿、色雷斯，还有叙利亚。起先，他们作为总督替亚历山大的幼子治理各省，但是过了一段时间，他们就自立为王了。

　　托勒密和他的后代统治埃及长达 350 年。他们作为统治者为这个国家做了许多好事。我们习惯称他们为埃及人，实际上他们是住在埃及的希腊人。

　　他的其中一个举动，显示了他是一个热心有感情的人。就是把亚历山大的尸体从巴比伦运到埃及。起初葬在孟斐斯，后来移到亚历山大港，也许你还记得，这座城市是由亚历山大亲自建立的，也是以他的名字命名的。

　　托勒密把亚历山大港定为首都，而且做了很多工作来美化城市。他建了一座博物馆，同时开始收集各类书籍来建立图书馆。

　　他儿子托勒密二世，继续进行这项工作，使它成了世界上最大最好的图书馆。大多数书本是由纸莎草茎或者造纸植物制成的，就是在庇西特拉图传记提到过的。它们由希腊文和拉丁文写成。

托勒密欣赏犹太人的智力与知识，待他们非常友好，给他们许多自主权，于是大量犹太人在埃及安顿下来。

有两件事，托勒密·费拉德尔甫斯做得非常有纪念意义。其中一件是把犹太人的圣经译成希腊文；另一件是几个世纪前开挖的红海与尼罗河之间的大运河被沙漠的流沙阻断了，所以他决定重新开挖。这跟开凿苏伊士运河一样了不起。

托勒密的运河开通了大西洋与印度洋。船只可以从大西洋航行通过地中海，再穿过运河和红海，然后可以进入印度洋。

那时，埃及种植的小麦比世界上其他国家都要多，因此它有了大量的贸易活动。以小麦作为交换物，可以购买欧洲和亚洲的各种产品。由此亚历山大港成为世界上最富的城市。

但是，不仅如此，托勒密父子，特别是费拉德尔甫斯，还邀请有学问的人来到宫廷中，资助他们，支持他们继续学术研究和教书育人。

曾经有 14000 个学生在城中学习知识。如此一来，亚历山大港成了知识之家。也是在那里，学生们第一次被告知地球是圆的。其中一位伟大的天文学家，也住在这个城市，他计算出的地球周长和直径与实际情况非常接近。

在基督诞生前的 200 年，亚历山大港的市民知道的东西比 1000 年后的欧洲人还要多。你所知道的现代科学，只不过是托勒

克利奥帕特拉

密在亚历山大港召集的杰出的希腊人所开创的一种延续罢了。

　　托勒密王朝有个著名人物克利奥帕特拉，是一个有能力的统治者，也是当时最美艳的女人。你会在这本书的姐妹篇《罗马名人》中读到关于她的故事。

第三十章　皮洛士

一

王子皮洛士住在伊庇鲁斯，离伟大的阿喀琉斯的出生地不远。12岁时就继承了王位，但国家大事由摄政大臣辅佐。

那时，他读了亚历山大大帝的故事，决心要向他一样成为一个伟大的征服者。当他正梦想征服异邦的时候，自己的国家发生了战乱，不久他就被赶出了伊庇鲁斯。埃及的托勒密帮他打败了敌人，重新夺回了王位。此后，他决心重新开始征服亚历山大征服过的地方，先从亚历山大的祖国马其顿开始。在持续几年的战争之后，他占有了一半的领土。亚历山大的其中一个将军占据另一半。不过，皮洛士占有的那一半人更倾向原来的将军作为统治者，这样，7个月后，皮洛士不得不放弃马其顿王国。

这样他安安心心地在伊庇鲁斯待了几年。这时一个征服罗马的机会来了，而罗马正好位于亚得里亚海的那一边。皮洛士非常高兴，因为光统治伊庇鲁斯并不能使他满足。意大利南部住着大量希腊人。希腊语是住在那里的人所说的语言，而这个地区通常称为"大希腊"。

罗马人想统治整个意大利，但那些希腊人不愿臣服于罗马。这样他们带信给皮洛士，说他们遇到了麻烦，希望他帮帮他们。

开战准备工作完成后，皮洛士火速带领 3 万人和 20 头大象登陆意大利沿海。

一场大战过后，皮洛士赢得了胜利，但士兵折损严重。战后，当他走在尸体中间时说道："再有一次这样的胜利，我可能要孤身回家了。"他损失了一半的人马。

不过，南意大利的希腊人给他补充了新兵，然后取得了第二次胜利。

这场战争结束得很奇怪。皮洛士的一个仆人叛逃到罗马，向罗马领事献计毒杀他的主人。领事把叛徒押送给皮洛士，并带来口信，他们蔑视利用背叛取得胜利。

皮洛士为表达感激之情，把所俘的罗马人尽数放了回去，没有要任何赎金。这样双方化敌为友，并达成停战协议。协议中有一条就是希望皮洛士离开意大利。

西西里岛住着大量希腊人。他们建立了锡拉库扎城及其他一些大的城镇。那时，非洲的迦太基是一个强大的城邦，迦太基人试图征服西西里岛的希腊人。皮洛士漂洋过海来到西西里岛帮助他的同胞。

但是，他的意大利朋友与罗马又发生了摩擦，请求他再次回去帮助他们。于是他离开西西里岛前往意大利。不过，这次好运抛弃了他，被库里乌斯·登塔图斯带领的罗马人彻底打败，只好被迫离开意大利。

现在他只好先回伊庇鲁斯，但他并不是和平爱好者，马上又对马其顿发动了第二次战争。又一次占领了亚历山大的土地，但接下来马其顿国王又夺回了领土。

统治伊庇鲁斯并不能满足野心，皮洛士紧接着入侵伯罗奔尼撒半岛，与斯巴达人开战，但被赶出了他们的领土。

最后，他来到阿尔戈斯，参加了它正在进行的内战。

一条阿尔戈斯的小巷中正进行着战斗，其间一个妇女从屋顶上扔了一块瓦片下来，砸中了皮洛士，把他砸晕了。敌方的士兵就从他身上冲了过去，把他踩死了（公元前 272 年）。

二

西西里岛是著名数学家阿基米德的家乡，就是你刚才读到的与迦太基人战斗的地方。他出生在公元前 287 年，当皮洛士在西西里帮他们对抗迦太基人的时候，他还是个孩子。过了许多年，锡拉库扎被另外一个敌人——罗马给包围了。阿基米德那时已经老了，但给了他的同胞很大的帮助。他发明了一种可以向敌人扔石头的机械装置，西西里岛人用它在海湾阻挡了罗马人很长一段时间。

据说阿基米德用加强的反光镜把罗马的战船给引燃了。不过最后，锡拉库扎还是沦陷了，一个罗马士兵违抗司令官的命令把阿基米德给杀了。

阿基米德之死

第三十一章　克里昂米尼三世

一

在亚历山大大帝死后大约 100 年，有个年轻的王子叫克里昂米尼。他的父亲是斯巴达王之一，名字取自希腊最伟大的英雄之一——列奥尼达斯。那个著名的温泉关守卫者。当这个王子 18 岁时，一天，他从家中出发去打猎。出了城门不远，他父亲的一个奴隶赶上了他，递给他写着字的小板。在那涂蜡的表面上，克里昂米尼看到几个字，"国王列奥尼达斯致克里昂米尼：看到这个便条马上回到宫中来"。克里昂米尼调头往城中而去。

傍晚时候到达宫中。大门上挂满了花环，进来之后，发现女人们忙着往每间屋中摆放玫瑰花和百合花。

他一看到父亲，就问："是不是有人要结婚了？"

"你啊，"父亲回答，"今天晚上我希望你能跟国王亚基斯的遗孀亚基阿提丝结婚。我把宫中装饰一下，作为你们举行婚礼的地方。她非常美丽、善良，她的父亲是斯巴达最富的人之一，而她是他的继承人。"

"不过，"克里昂米尼说，"她是不是愿意嫁给你儿子呢？"

"我是国王，"列奥尼达斯回答，"她必须服从。"

"既然你想这么做，我会娶她，"克里昂米尼说，"但我不抱任何希望她会爱上我。"

克里昂米尼有足够的理由这么说，因为列奥尼达斯杀了共王（双王中的另一王，斯巴达实行的两王并立的制度）亚基斯，也就是亚基阿提丝的丈夫。

亚基斯是斯巴达最好、最伟大的国王之一。他继位的时候，对国家当时的状态非常忧虑。来库古创建的旧制度被置之不理。自从伯罗奔尼撒战争结束后，当斯巴达证明自己比雅典更强时，而一场巨变降临到这个王国的头上。它的国人已不再是勇士。亚基斯的愿望就是劝说人们重新回到已经没有人遵守的旧的法律体系之下。

斯巴达跑道

但共王列奥尼达斯不希望回到原来的生活方式，五个监察官或执政官，跟列奥尼达斯结成同盟。他们决定把亚基斯置于死地。监察官在街上抓住了亚基斯，将其投入监狱。接着没有任何理由，将其处死——除了他试图实施来库古的律法体系来重新恢复斯巴达的荣耀。

这些都是列奥尼达斯的命令下执行的。克里昂米尼因此有理由认为亚基阿提丝不会同他结婚。但是，婚礼如列奥尼达斯所期望的那样如期举行了。虽然亚基阿提丝恨透了谋杀他丈夫的列奥尼达斯，但不久她爱上克里昂米尼，因为他真实而有男子气概，而且用他的一生来使她幸福。

她跟他讲亚基斯以及亚基斯想为斯巴达人所做的事。当克里昂米尼听到这些，就下定决心要按亚基斯设想的那样去做。他看到奢侈的生活方式不但削弱了斯巴达，还毁掉了它的影响力。同时也看到他父亲的同僚，也就是留下来执政的那些人并不善良勇敢，但是富人一点也不关心这些，眼里只有金钱与享乐。

二

在亚基斯被谋杀后几年，列奥尼达斯也去世了。于是克里昂米尼继承了王位。

当时，希腊有一个城邦联盟，叫亚该亚联盟，大将军亚拉图是联盟首领。它似乎很快要控制整个伯罗奔尼撒半岛了。克里昂米尼为此劝说斯巴达人向亚该亚联盟开战。

通过几次战役，他打败了亚拉图，也赢得作为一个军人的巨大荣誉。他使斯巴达人喜欢上了他，于是他认为是时候说服他们再次遵守旧的律法与惯例了。

但监察官反对他要做出的变革，他果断地把他们全部处死。

第二天，又驱逐了80个反对他计划的平民。然后他向人们解释了为什么要这么做，又为什么为处死监察官。

"如果不用流血，"他说，"就可以消灭奢侈与放纵，消除部分富人与很多穷人的债务与高利贷，那么我想我就是最幸福的国王了。"

他重申来库古的律法必须强制实施，土地也要重新分配给平民。

当人们听到这些，感到非常激动，更让他们感到高兴的是，克里昂米尼和他岳父是第一批放弃土地用来分配的。其余的市民也照做了。如此一来，来库古后的600年，又开始了新的财富分配，每个斯巴达人又一次拥有了足够的土地，可以通过一年的劳作为他的家庭种小麦、榨油、酿酒。

平民重新在公共食堂吃到简单的斯巴达食物，而年轻人依照来库古制订的方法参与训练与演习。一种训练士兵快速行动的战舞恢复了生机。军队也重新整肃纪律，而斯巴达士兵再次像以前一样，成为希腊最好的战士。国王自己也为民众树立了艰苦朴素的榜样。

战舞

当克里昂米尼表示他要效法来库古和梭伦时，一些希腊人暗地里嘲笑他。但是他们看到斯巴达在战场上接连得胜、城市欣欣向荣、人民回到幸福的生活时，又情不自禁地崇拜起这个给他们带来改变的人。

但是最后，一场可怕的灾难降临到了克里昂米尼和斯巴达头上。亚该亚联盟邀请马其顿国王安提柯带领军队帮助他们对付克里昂米尼，一场战斗，斯巴达人几乎失去了他们得到的所有东西。

另一个国王，克里昂米尼的亲兄弟，也被杀害了。他率领的6000将士只剩下200人。

克里昂米尼带信给斯巴达建议人们向马其顿投降，人们同意了，从此，独立的斯巴达就永远消失了。

克里昂米尼希望从埃及国王托勒密那里得到援助。于是他乘船来到埃及，也得到了援助的允诺。但不幸的是，托勒密死了，而新王把克里昂米尼投入了监狱。克里昂米尼看到逃脱无望，就自杀了。

　　他是希腊末期最伟大的人物之一。

第三十二章　希腊的衰落

希腊各邦一次又一次地尝试推翻马其顿的统治。不幸的是，他们之间相互争吵，不能团结起来对付马其顿。为此，马其顿国王在希腊的统治又延长了 100 年。

后来，罗马人入侵了这个国家，在彼得那镇一战，马其顿被打败，国王珀尔修斯被俘，成为阶下囚。这次战役终结了马其顿王国的命运。马其顿成了罗马帝国的一部分，由罗马派人来统治。

接下来被攻克的是伊庇鲁斯。15 万居民被卖作奴隶，整个国家也成了罗马的一个省。

马其顿陷落后，希腊各邦依然各自内斗。这样过了 20 年（公元前 146 年），罗马派了一支军队来讨伐他们。在科林斯附近一战后，希腊就被完全征服了。

科林斯在当时是世界上最富有的美丽的城市。战后，罗马将军允许士兵进入各家各户，任意抢掠他们喜欢的东西。绘画、大理石雕像、金银珠宝都用船装运到罗马。据说两个粗鲁的罗马士兵在当时最好的画像上掷骰子玩。由此可知，他们对艺术是多么的无知。

2000 名科林斯男子被罗马人处死，妇女儿童被当作奴隶。他们把城中建筑抢掠一空后付之一炬。

科林斯的末日

此时，雅典、底比斯、斯巴达和其他希腊各邦像马其顿一样，成了罗马帝国的一部分。

经历了罗马的统治之后，到了中世纪，希腊又被土耳其所统治，直到后来，他们起兵反抗土耳其，重新获得独立。

今天你如果去希腊，跟成千上万的人一样，去访问那些伟人的故居，除了一片废墟，什么也看不到。神庙的柱子断了，墙上的石头更是散落一地。

然而，希腊虽然处于断壁残垣与衰颓之中，它仍旧对世界起着教育作用。我们语言中很多代表学科分支的单词，都是希腊文字。例如，算术（arithmetic）和数学（mathematics）。它们很清楚地告诉我们，欧洲最早的数学老师是希腊人。体育馆（Gymnasium）和田径运动（athletics）也是希腊单词。说明了希腊人在赛跑、摔跤、跳高、掷铁环以及其他强身健体的运动方面为我们提供了榜样。诗人（Poet）和诗（poem）也是希腊语词汇，也提醒了我们希腊人是怎么教我们写诗的。语法（Grammar）、修辞学（rhetoric）和地理学（geography）也是希腊语。逻辑（logic）、天文学（astronomy）和外科学（surgery）也是。除了这些，还有成百上千的日常用语，都显示了我们从希腊人中继承了许多东西。

虽说希腊昔日的辉煌不再，但艺术与科学之光却照亮了世界，随着岁月流逝，它变得更加明亮。